Reise durch die

OBERPFALZ

Bilder von
Martin Siepmann

Texte von
Georg Schwikart

Stürtz

INHALT

Erste Seite:
Oberpfälzer Lebensart kann man sommers in zahlreichen Biergärten genießen, wie in der „Alten Linde" in Regensburg. Charakteristisch für einen traditionellen Biergarten ist das Recht des Gastes, selbst mitgebrachte Speisen verzehren zu dürfen.

Vorherige Seite:
Ein Meisterwerk mittelalterlicher Baukunst: Die Steinerne Brücke ist neben dem Dom das bedeutendste Wahrzeichen der Stadt Regensburg. Sie

wurde innerhalb von nur 11 Jahren, vermutlich von 1135 bis 1146, erbaut und war für mehr als 800 Jahre die einzige Donaubrücke in Regensburg.

Unten:
Am Donauufer in Regensburg. Die Stadt wirbt selbstbewusst, sie sei genau richtig „für Neugierige, für Genießer, Kunstliebhaber und Tagträumer. Sie alle haben eines gemeinsam: Sie sind Liebhaber des besonderen Charmes, den es wahrscheinlich nur in Regensburg gibt."

Seite 10/11:
Die Orgel der Stiftsbasilika Waldsassen ist mit 7720 Pfeifen eine der größten in Deutschland. Die Kirche wird regelmäßig für Konzerte genutzt. Namhafte Künstler wie Leonard Bernstein, Sir Colin Davis, Lorin Maazel oder Yehudi Menuhin und große Orchester wie das Symphonieorchester des Bayerischen Rundfunks oder die Bamberger Symphoniker haben die Kirche zu einem „Geheimtipp" unter Klassikfreunden gemacht.

DEO ET
CASTANA
TO VIR-
GINE

DIE OBERPFALZ – TRADITION UND

„Marca Napurch" hieß die Stadt Nabburg bei ihrer Gründung um die Wende zum 10. Jahrhundert; sie liegt im Naturpark Oberpfälzer Wald beiderseits der Naab.

Schon um 1000 war Nabburg fester Stützpunkt der Grafen im Nordgau. Die Stadtmauer aus dem 15. Jahrhundert ist hervorragend erhalten, die Altstadt größtenteils restauriert.

Eine Oberpfälzer Legende erzählt: Adam und Eva, die Stammeltern der Menschheit, hatten schon fast fünfzig Kinder. Da sprach Gott zu Adam: „Ich will dich besuchen und deine Kinder sehen." Eva schämte sich der vielen Kinder und versteckte von ihnen drei Dutzend. Als nun Gott kam, führte Eva ihm ein Dutzend Kinder vor. Gott fragte sie: „Sind das alle deine Kinder?" Sie antwortete: „Ja." Und Gott sprach: „Nun, die du mir gebracht hast, sollen gesegnet sein!" Daher stammen die Reichen und die Armen unter den Menschen.

Das entspricht der jahrhundertelangen Erfahrung der Oberpfälzer. Des kargen Bodens wegen musste sich die Oberpfalz das Schmähwort, sie sei eine „Steinpfalz" gefallen lassen. Eduard von Schenk, vierter Regierungspräsident des Bezirks, schrieb 1832 an seinen König, die Oberpfalz, „in welcher größtenteils nur Haber, Flachs und Kartoffeln reifen", sei von der Natur stiefmütterlich behandelt worden. – Auch das Klima verwöhnt die Oberpfälzer nicht, obwohl die Redensart „Neun Monate ist's Winter und ein Vierteljahr ist's kalt" deutlich übertreibt.

Es verwundert nicht, dass eine solche Gegend bis zum Mittelalter fast menschenleer blieb. Bis ins 5./6. Jahrhundert n. Chr. überwucherten Urwälder das Gebiet. Noch um das Jahr 1000 soll Kaiser Heinrich II. hierher gekommen sein, um Bären und Wisente zu jagen, die anderswo schon ausgerottet waren. Auch heute noch ist die Oberpfalz im Vergleich zu anderen Regionen Deutschlands eher dünn besiedelt.

VOM RÖMERLAGER ZUM „RUHRGEBIET DES MITTELALTERS"

Nur die Flussniederungen von Altmühl, Naab und Regen sind schon in der Altsteinzeit (um 10 000 v. Chr.) bewohnt, und der

KULTUR IN EINZIGARTIGER LANDSCHAFT

Donaubogen bei Regensburg hat stets Siedler angezogen. Überliefert ist, dass die Kelten einer Siedlung an dieser Stelle den Namen „Radasbona" gaben. Anfang 2006 hat man in Regensburg unweit der Mauern des römischen Lagers keltische Gräber aus der Zeit um 400 v. Chr. gefunden.

Die Kelten sind schon abgewandert, als die Römer im Jahr 15 v. Chr. das nördliche Alpenvorland bis zur Donau erobern und hier im 2. Jahrhundert n. Chr. unter Kaiser Marc Aurel das Legionslager „Castra Regina" errichten. Eindrucksvolle Reste des Nordtors, der Porta Praetoria, sind in der Altstadt von Regensburg erhalten geblieben. Die Völkerwanderung im 5. Jahrhundert zwingt die Römer zum Abzug. Aus dem ehemaligen Römerlager wird die Residenz der ersten bajuwarischen Herzogsdynastie, der Agilolfinger.

Auf der Flucht vor den asiatischen Awaren, die im 6. Jahrhundert Böhmen und Mähren besetzen, kommen Slawen über den Böhmerwald in die Region und gründen kleine Dörfer und Weiler. Der Heilige Bonifatius stiftet im Jahr 739 das Bistum Regensburg; damit beginnt die Christianisierung des Landes.

Seine Herrscher wechseln häufig. Die Agilolfinger werden Karl dem Großen zu aufmüpfig; er setzt sie 788 ab. Das im Westen der heutigen Oberpfalz gelegene Gebiet wird ein Teil des fränkischen Reichs, „Nordgau" genannt. Dieser erweitert sich nach Westen, Süden und Osten, bis er etwa der heutigen Oberpfalz entspricht.

Der Bevölkerungsanstieg im 11. und 12. Jahrhundert führt dazu, dass auch die Oberpfalz als Siedlungsgebiet erschlossen wird. Ortsnamen auf -reuth oder -ried weisen darauf hin, dass dafür Wälder gerodet werden mussten. So entstehen zahlreiche Klöster und Städte – und Burgen, denn die Oberpfalz ist als Grenzland für mehrere Jahrhunderte auf ein dichtes Netz von Verteidigungsanlagen angewiesen. Die großen Reichsburgen in Cham und Nabburg werden durch kleinere Burgen und Vorposten ergänzt.

Man beginnt, die Erzvorkommen des Landes auszubeuten, was der Oberpfalz später den Beinamen „Ruhrgebiet des Mittelalters" einbringen wird. Vor allem um Amberg, Sulzbach und Auerbach herum entstehen zahlreiche Hüttenwerke, zumal das zur Erzverarbeitung nötige Holz und Wasser reichlich vorhanden sind. Im Bergbau erreicht man bereits Tiefen von 100 bis 200 Metern. Die Region wird eines der einträglichsten Fürstentümer Europas. Noch um die Wende zum 16. Jahrhundert wird ein Drittel des deutschen Erzes in der Oberpfalz gefördert.

Neben der Steinernen Brücke steht seit über 500 Jahren die historische Wurstkuchl, die älteste Bratwurststube der Welt. Hier, wo sich schon im Mittelalter die Regensburger Steinmetze und Hafenarbeiter ihre Stärkung gönnten, munden die hausgemachten Würstl vom offenen Holzkohlengrill, das Sauerkraut aus dem eigenen Gärkeller und der Senf nach einem historischen Rezept.

UNTER WECHSELNDER HERRSCHAFT

Seit 1180 stellen die Wittelsbacher die bayerischen Herzöge und führen den seit dem 11. Jahrhundert in einzelne Teile zerfallenen Nordgau wieder zusammen. Der Wittelsbacher-Kaiser Ludwig der Bayer verpfändet einen großen Teil davon, das Egerland, an Böhmen. Im Hausvertrag von Pavia 1329 wird Bayern geteilt. Ludwig der Bayer überträgt den Nordgau auf die Nachkommen seines Bruders Rudolf, die rheinpfälzische Linie der Wittelsbacher mit der Residenz Heidelberg. Das Gebiet heißt fortan „der Pfalz Land zu Bayern", „unsere Pfalz gen Amberg" – die damalige Hauptstadt – oder, da es geographisch höher liegt als die Rheinpfalz, „die obere Pfalz".

Im 14. Jahrhundert bereiten Hungersnöte, Naturkatastrophen und die Pest dem Aufschwung ein Ende. Zwischen 1422 und 1434 fallen die böhmischen Hussiten mehrmals in die Gegend ein und zwingen auch kleinere Ortschaften zum Bau kostspieliger Befestigungsanlagen, die fast deren Ruin bedeuten. Durch die Wirren der Reformation und weiterer Kriege wird das Land erneut in Mitleidenschaft gezogen. Unter Herzog Ottheinrich von Pfalz-Neuburg tritt die Oberpfalz 1556 offiziell dem protestantischen Bekenntnis bei; viele Klöster werden aufgelöst.

1628 kommt die Oberpfalz unter die Herrschaft des bayerischen Kurfürsten Maximilian I. und wird ein Teil des bayerischen Staats. Die Gegenreformation setzt nun auch hier ein; das Amberger Jesuitenkolleg wird zu ihrem Zentrum. Die reformierten und lutherischen Einwohner werden gezwungen, ihre Konfession zu wechseln oder auszuwandern; einige Klöster gründen sich neu.

Im Dreißigjährigen Krieg 1618 bis 1648 wird die Oberpfalz, auch wegen ihrer Nähe zu Böhmen, von den Truppen beider Kriegsparteien ständig als Durchzugsgebiet benutzt. Dörfer und Städte werden ausgeplündert und verwüstet, das Vieh geraubt, Bauernhöfe abgebrannt. Nach diesem Krieg ist die Bevölkerung zum großen Teil ausgelöscht, und die Oberpfalz wird für lange Zeit wieder zu einer wenig beachteten bayerischen Provinz und einem reinen Agrarland.

Von 1663 bis 1806 tagt in Regensburg der „Immerwährende Reichstag" des Heiligen Römischen Reichs Deutscher Nation; dadurch wird die Stadt Sitz zahlreicher ausländischer Gesandtschaften. Mit der Vertretung des Kaisers ist ab 1748 das Fürstengeschlecht Thurn und Taxis betraut, das von da an in Regensburg residiert. Die ursprünglich aus Oberitalien stammende Familie ist im 16. bis 18. Jahrhundert als Postunternehmen zu Reichtum gekommen.

Anfang des 19. Jahrhunderts bekommt im Zuge einer bayerischen Verwaltungsreform die „Obere Pfalz" den Namen „Regenkreis". Regensburg ist seit dem 1. November 1810 Verwaltungssitz. 1837/38 benennt König Ludwig I. die Kreise seines Königreichs um, und der Regierungsbezirk Oberpfalz entsteht. Heute misst er eine Fläche von 9691 Quadratkilometern und zählt etwa 1 090 000 Einwohner, die in sieben Landkreisen und den drei kreisfreien Städten Regensburg, Amberg und Weiden leben.

AUF DEM WEG IN DIE ZUKUNFT

Bis zum Ende der achtziger Jahre des 20. Jahrhunderts war die Eisen- und Stahlindustrie in der überwiegend land- und forstwirtschaftlich geprägten Region ein wichtiger Wirtschaftsfaktor. In ihrer Blütezeit beschäftigte die Maxhütte in Sulzbach-Rosenberg über 9000 Menschen. Nach zwei Konkursen wurde die Stahlfertigung 2002 endgültig eingestellt. – Auch die Landwirtschaft spielt heute nur noch eine geringe Rolle.

In den 1980er Jahren plante die bayerische Staatsregierung, in Wackersdorf im Landkreis Schwandorf eine Wiederaufbereitungsanlage für abgebrannte Brennstäbe aus Kernreaktoren zu errichten. Die Arbeitslosigkeit war dort nach dem Ende des Braunkohletagebaus 1982 auf über 20 Prozent geklettert. Das Projekt wurde jahrelang von Atomkraftgegnern und von der Mehrheit der Anwohner aus den umliegenden Gemeinden bekämpft, erst recht nach der Reaktorkatastrophe von Tschernobyl am 26. April 1986. 1989 wurde es eingestellt.

Auf dem 1908 gegründeten, 230 Quadratkilometer großen Königlich Bayerischen Schießplatz Grafenwöhr hatten schon des Königs Soldaten ihre Schießübungen abgehalten; nach dem Krieg kam die US-Army und nutzte diesen geräumigsten Truppenübungsplatz Europas als „Training Area". Er ist einer der größten Arbeitgeber in der

Region mit circa 3600 Arbeitsplätzen. Im Jahr 2001 ereignete sich hier ein gefährlicher Zwischenfall: Am 8. Mai trafen zwei fehl geleitete Panzergranaten der US-Army eine Grundschule im nahe gelegenen Ort Kirchenthumbach. Mehrere Kinder spielten auf dem Hof, und zwei Erwachsene hielten sich im Gebäude auf, doch Gott sei Dank wurde nur das Dach beschädigt.

Überregional bekannt ist die Oberpfälzer Glas- und Porzellanfertigung. An der „Bayerischen Porzellanstraße" sind die traditionsreichen Produktionsorte aufgereiht wie Perlen auf einer Schnur. Nach dem Zweiten Weltkrieg siedelten sich in der Oberpfalz Unternehmen der Auto-, Elektro- und Elektronikindustrie an. Regensburg gehört zu den größten deutschen Biotechnologiestandorten.

Besonders seit Mitte der 1990er Jahre nahm in der Oberpfalz die Zahl der Erwerbstätigen im produzierenden Gewerbe ab, dafür nahm die Zahl im Dienstleistungssektor zu. Zu einem wichtigen Wirtschaftsfaktor konnte sich der Tourismus entwickeln. Heute darf die Region gedämpft optimistisch in die Zukunft schauen.

VON ST. WOLFGANG BIS DR. EISENBARTH

Zu den Menschen, deren Name mit der Oberpfalz verbunden ist, zählen zwei katholische Heilige: Wolfgang (924–994), der aus Württemberg stammte und Ende 972 Bischof von Regensburg wurde, und Albertus Magnus (um 1200–1280), der dieses Amt von 1260 bis 1262 innehatte. Wolfgang gründete 975 in Regensburg eine Domschule mit Chor, aus welchem die heutigen Regensburger Domspatzen hervorgegangen sind. Er ist in St. Emmeram beigesetzt.

Viele große Persönlichkeiten gelangten erst außerhalb der Oberpfalz zu Berühmtheit, so auch Don Juan de Austria (1547–1578), unehelicher Sohn Kaiser Karls V. und der Regensburger Handwerkertochter Barbara Blomberg. Er besiegte mit der Flotte der christlichen Mittelmeermächte, der „Heiligen Liga", 1571 die Osmanen in der Seeschlacht bei Lepanto. In seiner Geburtsstadt Regensburg erinnert seit 1978 eine Statue auf dem Zieroldsplatz an ihn.

Von den namhaften Naturwissenschaftlern ist Johannes Kepler (1571–1630) zu nennen, auch wenn sein Bezug zur Oberpfalz eher gering ist. Der Mathematiker, Astronom und Optiker, geboren im württembergischen Weil der Stadt, entdeckte die „Keplerschen Gesetze"

Die Burgruine Flossenbürg gilt als eine der schönsten in der Oberpfalz. Sie liegt auf einem 732 Meter hohen Granitfelsen mit weitem Blick ins Land. Die Burg wurde um 1100 gegründet und erlebte viele Besitzerwechsel; so gehörte sie eine Zeit lang auch Kaiser Friedrich Barbarossa. Im Dreißigjährigen Krieg wurde sie zerstört.

der Planetenbahnen, führte das Rechnen mit Logarithmen ein und half die Entdeckungen des Galileo Galilei zu beweisen. Er kam nach Regensburg und starb dort nach wenigen Monaten im Alter von 59 Jahren. Das Grab ging im Dreißigjährigen Krieg verloren, sein Sterbehaus ist jedoch erhalten. Seine selbstverfasste Grabinschrift lautet:

Mensus eram coelos, nunc terrae metior umbras.
Mens coelestis erat, corporis umbra iacet.
(Die Himmel hab' ich gemessen, jetzt meß' ich die Schatten der Erde.
Himmelwärts strebte der Geist, des Körpers Schatten ruht hier.)

Johannes Stark (1874–1957), geboren in Schickenhof (heute zu Freihung, Landkreis Amberg-Sulzbach) erhielt 1919 den Nobelpreis für Physik. Wegen seiner antisemitischen Haltung und seiner nationalsozialistischen Agitation ist er zu Recht in Vergessenheit geraten. Ein Oberpfälzer war auch Ernst Schweninger (1850–1924), der Leibarzt des Reichskanzlers Fürst Bismarck, der in Freystadt, Landkreis Neumarkt, geboren wurde.

Bekannter als er ist allerdings bis auf den heutigen Tag sein Kollege „Doktor Eisenbarth" aus Oberviechtach. Johann Andreas Eysenbarth (1663–1727) muss als Bruch- und Steinschneider, Wund- und Augenarzt ein wirklich guter Mediziner seiner Zeit gewesen sein. Da er jedoch von Stadt zu Stadt zog und sich von seinem Gefolge ziemlich marktschreierisch anpreisen ließ, haftet ihm der Ruch des Quacksalbers an, wie es im bekannten Spottlied heißt:

„Ich bin der Doktor Eisenbarth,
Kurier die Leut nach meiner Art,
Kann machen, dass die Blinden gehn,
Und dass die Lahmen wieder sehn."

KREATIVE OBERPFÄLZER

Auch Künstlern war die Oberpfalz Heimat oder Inspiration. Der Bildhauer Erasmus Grasser (1450–1518) stammte aus Schmidmühlen im heutigen Landkreis Amberg-Sulzbach. Albrecht Altdorfer (1480–1538), Baumeister, Kupferstecher und Maler der Renaissance, wurde in Regensburg geboren und starb auch dort. Die Kunsthistoriker sehen in ihm den Begründer der Landschaftsmalerei. Die 1528/29 entstandene

„Alexanderschlacht“ ist sein berühmtestes Gemälde. Johann Michael Fischer (1692–1766), Baumeister so bekannter spätbarocker Klosterkirchen wie Osterhofen-Altenmarkt, Dießen am Ammersee, Zwiefalten oder Ottobeuren, kam in Burglengenfeld, Landkreis Schwandorf, zur Welt.

Erasbach bei Berching, Landkreis Neumarkt, war Geburtsort des Opernkomponisten Christoph Willibald Gluck (1714–1787), der in Mailand, Paris und vor allem in Wien wirkte und als Reformer der Oper in die Musikgeschichte einging. Max Reger (1873–1916), Komponist, Pianist und Dirigent, wurde in Brand im Fichtelgebirge, Landkreis Tirschenreuth, geboren. Er wuchs in Weiden auf und verließ als Achtzehnjähriger die Oberpfalz. Alle zwei Jahre finden ihm zu Ehren die Weidener Musiktage statt.

In Amberg wurde Hans Baumann (1914–1988) geboren. Er dichtete Lieder für die Hitler-Jugend, doch erlangte er nach dem Krieg internationale Anerkennung als Jugendbuchautor und Russisch-Übersetzer. Die populäre Romanautorin Sandra Paretti (1935–1994) war gebürtige Regensburgerin. Auch der Schriftsteller Georg Britting (1891–1964) stammte aus Regensburg. Er verfasste Erzählungen, Dramen und Lyrik und schrieb auch mundartliche Texte im Oberpfälzer Dialekt. In „Der gemalte Sommer“ sinniert er: *„Wenn ich in den Ferien, bei ländlichen Verwandten, über die Felder ging, und den gleichmäßigen Bewegungen der Schnitter zusah, so sah ich keinen, der sich aus der Schar löste, am Feldrain sitzend aus einer Schüssel die Suppe zu löffeln, und keinen, der müde genug war, sich in den schwarzen Schatten eines Apfelbaumes zum Schlafe zu strecken… Und nie sah ich jemals im Leben ein kleines Mädchen mit gefalteten Händen kniend vor einem Wegkreuz beten.“*

KULTUR- UND GEDENKSTÄTTEN

Touristische Glanzlichter wie Regensburg ziehen ein internationales Publikum an. Der Dichter Konrad Weiß nannte Regensburg 1928 „eine unerschöpfliche Stadt“; wie recht er hatte, beweist sie immer wieder.

Als Nationaldenkmal ließ König Ludwig I. von Leo von Klenze 1830 bis 1842 die Walhalla auf dem Bräuberg bei Donaustauf errichten, zehn Kilometer stromabwärts von Regensburg. Dem Athener Parthenon nachgebildet, soll dieser klassizistische „Ruhmestempel der Teutschen“ große Geister ehren, die dort in Marmorbüsten und Gedenktafeln geehrt

Berching: Abendstimmung am Main-Donau-Kanal, der 1992 eröffnet wurde; seither hat die Stadt in der Fränkischen Alb stark an touristischer Bedeutung gewonnen. Sehenswert sind einige schöne historische Gebäude wie Kirchen, Türme und das Rathaus. Aus Berching stammte der Komponist Christoph Willibald Gluck.

werden. Als vorerst letzte Büste wurde am 22. Februar 2003 die von Sophie Scholl in die Walhalla aufgenommen.

Im Oberpfälzer Wald an der Grenze zu Tschechien liegt der Ort Flossenbürg, wo von 1938 bis 1945 ein berüchtigtes nationalsozialistisches Konzentrationslager bestand. Die KZ-Häftlinge wurden gezwungen, den hier vorkommenden härtesten Granit der Welt abzubauen. Vierzehn Tage vor der Befreiung ermordeten die Nazis hier die Widerstandskämpfer Dietrich Bonhoeffer, Wilhelm Canaris und Hans Oster. Heute befindet sich hier eine Gedenk- und Begegnungsstätte.

In Weiden überrascht die katholische Stadtpfarrkirche St. Josef, die vollständig im Jugendstil ausgestattet ist. Dieser größte Kirchenbau des Bistums Regensburg seit dem Mittelalter wurde 1899/1900 in nur 18 Monaten errichtet. 64 Meter hoch ragen die beiden Türme aus dem Häusermeer der Altstadt empor. Eigentlich wollte die Gemeinde vor Jahrzehnten das Gotteshaus „modernisieren“, aber dann fehlte es dazu am nötigen Geld. Zum Glück, denn so können heute noch die Kunstwerke des Münchner Malers Franz Hofstötter (1871–1958) bestaunt werden, der von 1902 bis 1912 in Weiden wirkte.

Einen Besuch lohnt auch Amberg, im Mittelalter bedeutender Umschlagplatz für Eisen und Eisenerz und eine der besterhaltenen mittelalterlichen Stadtanlagen Europas. Unter den Gotteshäusern ist vor allem die barocke Wallfahrtskirche Maria Hilf zu erwähnen, die 1716 von Cosmas Damian Asam ausgemalt wurde.

Zahlreiche weitere Städte haben den mittelalterlichen Charakter ihrer Altstadt bewahrt. Große Kirchen und imposante Bürgerhäuser zeugen heute noch von ihrem einstigen Reichtum. Kulturelles Interesse befriedigen auch zahlreiche Museen. Neben Freiland- und Volkskundeausstellungen finden sich ein Fischerei- und ein Militärmuseum, ein Schul- und ein archäologisches Museum – und in Bärnau im Landkreis Tirschenreuth das 1975 eröffnete Deutsche Knopfmuseum, eine einzigartige Schau über den Knopf in Geschichte und Gegenwart.

Eine Besonderheit stellt das Kontinentale Tiefbohrprojekt in Windischeschenbach nördlich von Weiden dar. Mit der größten Landbohranlage der Welt wurde von 1987 bis 1995 die Kontaktzone zweier Kontinentalplatten

Der Fluss Regen in Heilinghausen bei Regenstauf. Der 165 Kilometer lange Regen entsteht aus dem Zusammenfluss vom Weißen Regen und Schwarzen Regen. Die Germanen nannten den Fluss Regana. Der Regen ist bekannt als einer der schönsten Bootswanderflüsse Deutschlands.

erforscht. 83 Meter hoch ragt der Bohrturm auf, über 9000 Meter drang man ins Erdinnere ein. Heute ist das GEO-Zentrum und Tiefenobservatorium eine Bildungs- und Begegnungsstätte. Es bietet Führungen, Filme und Ausstellungen; eine Hauptattraktion ist die Besichtigung und Begehung des Bohrturms.

Schließlich spielt auch die Brauchtumspflege eine große Rolle. Überregional bekannte Feste sind der Further Drachenstich – dieses älteste deutsche Volksschauspiel wird seit 500 Jahren aufgeführt –, die Trenckspiele in Waldmünchen und der Kötztinger Pfingstritt.

WANDER- UND WELLNESS-LAND

Mit über 600 Burgen und Schlössern ist die Oberpfalz Bayerns Burgenland. Im nördlichen Oberpfälzer Wald bietet die Ferienregion Stiftland um das Klosterstift Waldsassen nicht nur zahlreiche Kulturdenkmäler und andere Sehenswürdigkeiten, sondern auch Wanderwege und Heilquellen. Von der Heilwirkung der Oberpfälzer Gesundbrunnen wusste schon Goethe zu berichten. Mit dem Sibyllenbad bei Neualbenreuth nahe der tschechischen Grenze verfügt die Oberpfalz seit den neunziger Jahren des 20. Jahrhunderts über ihr bislang einziges Kur- und Heilbad. Das radon- und kohlensäurehaltige Wasser wird zur Linderung verschiedenster Beschwerden angewandt.

Wer Ruhe und Beschaulichkeit schätzt, ist in der dünn besiedelten Oberpfalz gut aufgehoben. Mit ihren Mittelgebirgen, Wäldern, Weihern und Seen zieht sie Wanderer, Spaziergänger und Radfahrer an. Der Oberpfälzer Wald bildet gemeinsam mit dem tschechischen Böhmerwald und dem Bayerischen Wald das größte zusammenhängende Waldgebiet Mitteleuropas, das „Grüne Dach Europas".

Das Vilstal ist ein Beispiel für eine gelungene Renaturierung. Der Fluss wurde über weite Strecken in sein altes Bett zurückverlegt und lädt zum Kanuwandern ein. Der Steinwald südlich des Fichtelgebirges lockt mit seinen phantastisch geformten Granitfelsen, ebenso das wildromantische Waldnaabtal mit dem bald gemächlich dahinströmenden, bald tosenden und schäumenden Flüsschen.

Der Autor Norbert Elmar Schmid beschrieb einmal die Naab als Hauptschlagader der Oberpfalz. Bei ihr sei es fast so schwer festzustellen wie beim Nil, wo sie eigentlich beginne. Seine Ausführungen enden so: *„Die Wasser der Oberpfalz fließen donauabwärts ins Schwarze Meer, nach Konstantinopel, das jetzt Istanbul heißt. Und vielleicht mischen sich irgendwo die Wasser der Naab mit denen des Nils. Dennoch ist das Land der Naab nicht der Nabel der Welt, nicht Europas, Deutschlands, Bayerns, höchstens der Oberpfalz."*

LAND IN DER MITTE EUROPAS

Wer die Region besucht, kann verschiedene Mitbringsel mit nach Hause nehmen: Glas-, Zinn- und Porzellanwaren, geräucherte Wurst und einheimische Schnäpse, eine CD mit Musik der Regensburger Domspatzen … Am wertvollsten werden aber die Erinnerungen an ein vielfältiges und gastfreundliches Land sein. Schwierigkeiten kann man dort höchstens mit dem Dialekt haben, der selbst für Franken, Ober- oder Niederbayern gewöhnungsbedürftig ist; „Preußen" tun sich wirklich schwer, wenn Oberpfälzer oberpfälzisch sprechen. Das hübsche Wort „tsupfahgurd" beispielsweise ist ein Ausdruck der Freude und heißt übersetzt etwa „super, spitze!"

Prof. Ernst Emmerig, der in den Jahren 1962 bis 1981 der Oberpfalz als Regierungspräsident vorstand, lobte seinen Regierungsbezirk einmal als „ein altbayerisches Land von unverwechselbarer Eigenart, geliebt von allen, die in ihm geboren oder in es hineingewachsen sind." – Und dazu kommen noch all jene, die die Oberpfalz als Feriengebiet kennen und lieben gelernt haben und immer wiederkehren. Die Oberpfalz lag bis 1989 am Rande der Bundesrepublik; hinter dem gut gesicherten Eisernen Vorhang begann mit der CSSR der „Ostblock". Nun ist sie zurückgekehrt in die Mitte Europas.

Seite 22/23:
Der Lamer Winkel im nördlichen Bayerischen Wald wird umrahmt von den bewaldeten Höhenzügen des Hohenbogen und des Künischen Gebirges im Norden sowie des Arberkammes und Kaitersberges im Süden.

Seite 24/25:
Zur Rokoko-Wallfahrtskirche Maria-Hilf in Beratzhausen führt über mehrere Stufen ein symbolischer Kreuzweg hinauf. Anhand der Tafeln können Pilger die Stationen von Christi Leidensweg betend nachvollziehen.

DAS LAND AN DONAU UND

Der Kleine Arbersee ist einer von drei Seen des Bayerischen Waldes, ein Relikt der Eiszeit. See und Umgebung sind seit 1959 ein Naturschutzgebiet. Hier leben Biber, Fischotter und Auerwild.

Ein besonderes Merkmal der beiden Arberseen sind die sogenannten Schwingrasen: schwimmende Inseln, deren größte eine Ausdehnung von 4500 Quadratmetern hat.

Metropole der Oberpfalz ist seit römischer Zeit Regensburg, die viertgrößte Stadt Bayerns. Der mittelalterliche Stadtkern ist praktisch vollständig erhalten. Museen und Theater haben für jeden Geschmack etwas zu bieten; auch das Musikleben ist reichhaltig, vom weltbekannten Knabenchor „Regensburger Domspatzen" bis zu den 2003 ins Leben gerufenen sommerlichen Schlossfestspielen im Innenhof des Schlosses Thurn und Taxis, das mit seinen 500 Zimmern das größte Schloss Deutschlands ist.

Wenige Kilometer donauabwärts prangt hoch über der Donau der klassizistische „Ruhmestempel" Walhalla, in welchem seit 1842 bedeutende Deutsche durch Büsten oder Gedenktafeln geehrt werden, von Albrecht Dürer und Johann Sebastian Bach bis Albert Einstein und Sophie Scholl.

Am Zusammenfluss von Naab und Vils liegt der malerische Ort Kallmünz, der ob dieser Lage regelmäßig überschwemmt wird. Bekannteste Attraktion ist das „Haus im Fels" aus dem Mittelalter, dessen „Dach" ein Felsvorsprung bildet. Unter den Malern, die diesen Ort schätzten, war auch Wassily Kandinsky, der sich hier mit seiner Kollegin Gabriele Münter verlobte; geheiratet haben die beiden allerdings nicht.

Südlich von Regensburg befindet sich der Ort Alteglofsheim mit seinem Schloss, das von Meistern des süddeutschen Barock wie François de Cuvilliés und den Brüdern Asam ausgestaltet wurde.

Am Fluss Regen, 20 Kilometer westlich der tschechischen Grenze, liegt Cham. Hier drehte der Regisseur Bernhard Wicki 1959 an einer alten Brücke über den Regen den Antikriegsfilm „Die Brücke". Der gesamte Landkreis gehört zum Naturpark Oberer Bayerischer Wald. Naturfreunde finden hier ein dichtes Netz von Wander- und Radwegen und im Winter Langlaufloipen und Abfahrten vor.

REGEN – DER SÜDEN

Unten:
Eine Schleuse des Ludwigskanals bei Dietfurt im Altmühltal. Der nach dem bayerischen König benannte Kanal verband im 19. und 20. Jahrhundert Donau und Main von Kelheim über Neumarkt in der Oberpfalz und Nürnberg bis Bamberg. Er stellte damit eine durchgängig schiffbare Verbindung von der Rheinmündung in Rotterdam bis zur Donaumündung in das Schwarze Meer her.

Rechts oben:
Vorbildliche Radwege in herrlicher Landschaft machen den Naturpark Altmühltal zum Paradies für Radfahrer. Die bekannteste Tour ist natürlich der Altmühltal-Radweg selbst, einer der beliebtesten Fernwanderwege Deutschlands. Auf der 164 Kilometer langen Strecke von Gunzenhausen bis Kelheim entdeckt man das Altmühltal an einem Stück.

Rechts Mitte:
Der nur aus wenigen Häusern bestehende Weiler Grögling gehört zu Dietfurt. Im Mittelalter residierte hier das Grafengeschlecht Grögling-Dollnstein. Die

Kirche, malerisch an der Altmühl gelegen, ist den Märtyrerbrüdern Johannes und Paulus geweiht und besitzt im Inneren einen schlichten Hochaltar mit nazarenischem Gemälde.

Rechts unten: *Feriengäste und Ausflügler, die Ruhe und Entspannung wünschen, finden bei Richtheim am Ludwigskanal, was sie suchen. Hier angelt man mit etwas Glück Barbe, Barsch, Karpfen, Rotauge, Schleie und Zander.*

Oben:
Das Alte Rathaus von Hemau. Im Jahr 2005 feierte der Ort das 700-jährige Stadtjubiläum. Er liegt auf dem bewaldeten Bergrücken zwischen der Altmühl und der Schwarzen Laaber westlich von Regensburg, der in spätmittelalterlichen Quellen als der „Tangrintel“ bezeichnet wird. Daher nennt sich Hemau „die Stadt auf dem Tangrintel“.

Rechts:
Schloss Wörth an der Donau befindet sich weithin sichtbar auf einem Berg mitten im gleichnamigen Ort. Als Burg errichtet, findet das Gebäude erstmals 1264 urkundliche Erwähnung. Im 17. Jahrhundert wird es zum festungsartigen Schloss umgebaut.

Links:
Schloss Parsberg im Oberpfälzer Jura. Die eindrucksvoll über dem Ort thronende Burganlage zieht schon von weitem den Blick auf sich. Um 1650 wurde das Obere Schloss nach der Zerstörung im Dreißigjährigen Krieg wieder aufgebaut. Das Untere Schloss entstand vor 1700. Seit 1981 wird im Schloss ein Museum zur Kulturgeschichte der Region eingerichtet.

Unten:
Der Markt Lupburg liegt auf einem Jurakegel über dem Tal der Schwarzen Laaber. Erstmals wurde Lupburg im Jahr 960 urkundlich erwähnt. Die Burganlage stammt vermutlich aus der Mitte des 12. Jahrhunderts.

Links oben:
Felsen wie diese bei Schönhofen im Tal der Schwarzen Laaber bieten Anfängern wie auch Sportkletterern interessante Routen. Allerdings besteht von Februar bis Juli ein befristetes Kletterverbot zum Schutz brütender Vögel.

Links Mitte:
Gerade mal gut 70 Kilometer lang, fließt die Schwarze Laaber auf ihrem Weg von den Jurahöhen der westlichen Oberpfalz bis zur Mündung in die Donau teils

durch stimmungsvoll-romantische, teils durch karge Landstriche. Burgen, Kirchen, Dörfer und Mühlen geben dem Tal sein besonderes Kolorit; Städte und Industrie findet man hier kaum.

Links unten:
Die Gemeinde Seubersdorf liegt auf einem zur mittleren Frankenalb gehörenden Höhenrücken zwischen der Schwarzen Laaber und der Weißen Laaber.

Unten:
Am Zusammenfluss von Naab und Vils liegt das malerische Kallmünz. Auf einem Felsvorsprung befinden sich die Ruinen einer alten Burg. Das Ortsbild wird durch die Häuser geprägt, die an den Burgfels gebaut sind. Der bekannteste touristische Anziehungspunkt ist das „Haus ohne Dach“ in der Vilsgasse.

Seite 34/35:
2000 Jahre Regensburg – bewegte Vergangenheit und lebendige Gegenwart locken Besucher aus aller Welt an. Die Stadt ist damals wie heute Zentrum der ganzen Region. Über die Steinerne Brücke gelangt man in die einzigartige historische Altstadt.

Rechts:
In der Neuen Waag am Haidplatz befand sich im Mittelalter die „Herrentrinkstube“ mit der großen städtischen Salzwaage. Hier führten 1541 der Reformator Philipp Melanchthon und der katholische Theologe Johannes Eck das „Regensburger Religionsgespräch“. Heutzutage finden auf dem Platz oft kulturelle Veranstaltungen statt.

Unten:
Es heißt, Regensburg sei die italienischste aller deutschen Städte. Tatsächlich fühlt man sich wie in Oberitalien, wenn man durch die engen Altstadtgassen flaniert, die Schaufenster betrachtet und dann in einem Gasthaus einkehrt.

Oben:
Kaiser Karl V. weilte 1546 auf dem Reichstag in Regensburg, da begegnete er der Handwerkertochter Barbara Blomberg. Den unehelichen Sohn der beiden, Don Juan de Austria, der „Bezwinger der Türken" in der Seeschlacht von Lepanto, ehrt heute diese Bronzestatue vor dem Eckhaus Kramgasse/Tändlergasse, wo einst seine Mutter lebte.

Ganz links:
In der Goliathstraße befinden sich schöne Patrizierhäuser, darunter das frühgotische „Goliathhaus".

Links:
Selbst in den engen Gassen der Regensburger Altstadt stellen Wirte ihre Stühle ins Freie.

Am westlichen Stadtrand von Regensburg liegt das 1109 gegründete ehemalige Benediktinerkloster Prüfening, heute im Besitz der Familie Thurn und Taxis. Den Geist der Gründungszeit vermittelt die 1119 geweihte Kirche St. Georg, eine dreischiffige Pfeilerbasilika. Sie wurde beispielgebend für weitere romanische Gotteshäuser in Regensburg und der Region.

„Geistliche, Mönche, Priester und Nonnen sind hier leider zu viel", klagte Ernst Moritz Arndt im 19. Jahrhundert über Regensburg. Immer noch residiert ein Bischof im Dom St. Peter, aber im Straßenbild sind Kleriker und Ordensleute nur noch selten auszumachen. Im September 2006 stieg ihre Zahl sprunghaft an, als Papst Benedikt XVI. die Stadt besuchte, in der er als Professor gelehrt hatte.

REGENSBURG

Da ihr Zentrum im Zweiten Weltkrieg weitgehend von Schäden verschont blieb, ist Regensburg die einzige vollständig erhaltene mittelalterliche Stadtanlage in Deutschland. Seit 2006 zählt die Altstadt zum UNESCO-Weltkulturerbe. Zu den rund 1000 Baudenkmälern gehören Handwerkerhäuser, Wohntürme, Patrizierburgen und Sakralbauten wie der Dom, das einzige Beispiel französischer Kathedralgotik östlich des Rheins (85 Meter lang, 34 Meter breit, zwei Türme von 105 Meter Höhe).

Etwa 150 000 Menschen leben im modernen Regensburg. Im Sommer herrscht buntes Treiben auf den Gassen, Straßen und Plätzen. Einheimische und Besucher genießen südliches Flair, das den Slogan von der „nördlichsten Stadt Italiens" inspiriert hat.

Regensburg ist eine der ältesten Städte Deutschlands. Besiedelt war die Gegend am nördlichsten Punkt der Donau bereits in der Altsteinzeit. Aus dem 3. Jahrhundert v. Chr. fand man keltische Gräber. Im Jahr 79 n. Chr. errichteten die Römer hier ein Kohortenkastell für etwa 500 bis 1000 Mann, das circa 90 Jahre später von den Markomannen zerstört wurde. Kaiser Marc Aurel ließ daraufhin für circa 6000 Soldaten an dem Fluss, den die Germanen „Regana" nannten, das Legionslager „Castra Regina" errichten („Lager am Regen"). Es wurde 179 n. Chr. eingeweiht; im Grundriss der Regensburger Altstadt ist es noch heute zu erkennen.

Am Schnittpunkt internationaler Fernhandelsrouten gelegen, entwickelte sich der Ort zu einer der größten und wohlhabendsten Städte im Karolingerreich. 739 machte Bonifatius Regensburg, lateinisch: „Ratisbona", zu einem Bischofssitz. Die Karolinger nutzen die Stadt als Versammlungsstätte. Herzog Arnulf von Bayern ließ zwischen 917 und 920 die westliche Vorstadt mit dem weitläufigen Areal der Benediktinerabtei St. Emmeram von einer Mauer umgeben – eine Einfriedung, die dauerhaft den Charakter der Stadt bewahren sollte. Die Oberschicht – die Patrizier – leistete sich vom 11. bis zum 14. Jahrhundert hohe Wohnhäuser, Geschlechtertürme genannt, die immer noch aus der Stadtsilhouette aufragen. Dazu stifteten sie Kirchen und Klöster. Auch war Regensburg einst die erste jüdische Gemeinde in Bayern und im Spätmittelalter eine der bedeutendsten in Europa.

DAS ACHTE WELTWUNDER

Eine finanzielle Anstrengung und architektonische Herausforderung stellte die Steinerne Brücke über die Donau aus der ersten Hälfte des 12. Jahrhunderts dar. Sie knüpfte erstmals an das Ingenieurwissen der Antike an, wurde Vorbild für andere europäische Brückenbauten, zum Beispiel die Prager Karls-

Links:
Die romanischen Fresken aus dem zweiten Viertel des 12. Jahrhunderts sind eine der Hauptattraktionen der Klosterkirche St. Georg in Prüfening.

Links oben:
Vom Reichtum der Regensburger Patrizierfamilien künden prächtige Fassaden, wie hier das Haus am Watmarkt 3.

– METROPOLE IN DER OBERPFALZ

brücke, und bildete jahrhundertelang den einzigen gemauerten Donauübergang zwischen Ulm und Budapest. Seinerzeit pries man sie als achtes Weltwunder.

Im Mai 1189 rief Kaiser Friedrich Barbarossa in Regensburg sein Heer zusammen, um zum dritten Kreuzzug aufzubrechen. 1207 wurde Regensburg zur Reichsstadt erhoben. 1471 trafen sich hier Gesandte aus Europa zum „Großen Christentag", um zu beraten, wie man auf die Eroberung Konstantinopels 1453 durch die Osmanen reagieren solle. Bei der Reichsversammlung von 1541 fand hier das Regensburger Religionsgespräch zwischen Philipp Melanchthon und Johannes Eck statt, zur Frage, wie eine Kirchenspaltung doch noch zu verhindern sei. Schließlich etablierte sich hier 1663 der „Immerwährende Reichstag" des Heiligen Römischen Reiches Deutscher Nation. Bis zum Reichsdeputationshauptschluss 1803 hatte dieses politische Instrument Bestand und verlieh Regensburg Ansehen und Reichtum.

Mit der Auflösung des Reichstags fiel die Stadt in die Provinzialität. Daraus hat sich Regensburg längst wieder befreit und unterhält mittlerweile zahlreiche internationale Städtepartnerschaften. Die Stadt boomt als Wirtschaftsstandort und lockt Touristen aus aller Welt an, etwa zu Konzerten mit dem traditionsreichen Knabenchor „Regensburger Domspatzen", zur von den Brüdern Asam ausgestatteten Klosterkirche St. Emmeram, oder auch zum alljährlichen Stadtmarathon. 2006 war die Stadt sogar Ziel von Pilgern: 230 000 Menschen kamen, um einen Ehrenbürger der Stadt zu begrüßen, den Theologieprofessor an der Universität Regensburg Dr. Joseph Ratzinger – Papst Benedikt XVI.

Oben:
Millionenfach abgelichtet: Bei Tag oder Nacht, zu jeder Jahreszeit – immer wieder sind die Steinerne Brücke und der dahinter emporragende Dom beliebte Fotomotive.

Rechts oben:
Das Brücktor der Steinernen Brücke ist das einzige erhaltene von ursprünglich dreien und beherbergt heute das Brückturmmuseum. Es informiert über die Brücke und die Donauschifffahrt.

Rechts:
„Finstere Mauern, dunkle Biere, düstere Dünkel" nahm der Autor Ludwig Lang einst in Regensburg wahr. Doch ein Spaziergang durch die abendliche Altstadt erfreut durch die einzigartige Atmosphäre.

Rechts:
Der Neupfarrplatz liegt im Zentrum der Regensburger Altstadt. Im Mittelalter befand sich hier das Judenviertel. Der Rat der Stadt beschloss 1519 die Vertreibung der Juden, damals etwa 500 Bürger, und den Abbruch der Synagoge und der übrigen Gebäude des Viertels.

Unten:
Der Bischofshof ist die ehemalige bischöfliche Residenz in Regensburg. Fertiggestellt wurde er gegen Mitte des 16. Jahrhunderts. Später diente das Haus den Teilnehmern des Immerwährenden Reichstags als Herberge. Heute befinden sich in dem Gebäude ein Restaurant und das Domschatzmuseum.

Oben:
Zeugnis klassizistischer Baukunst ist das Präsidialpalais am Bismarckplatz, 1805 erbaut durch Emanuel Herigoyen. Es war einst Sitz des französischen Gesandten und dient heute dem Polizeipräsidium als Domizil.

Links:
Im Alten Rathaus arbeiteten über Jahrhunderte der Stadtrat und die Verwaltung der Freien Reichsstadt Regensburg. Hier war – inklusive Gefängnis – das Gerichtswesen ansässig. Von 1663 bis 1806 tagte am Ort zudem der Immerwährende Reichstag. Er brachte damals die große deutsche und europäische Politik und ihre Vertreter nach Regensburg.

Unten:
Das Schloss Thurn und Taxis in Regensburg entstand aus dem ehemaligen Kloster St. Emmeram (um 739 gegründet). Es ist eines der größten bewohnten Schlösser Europas. Der prächtige Innenhof dient im Sommer als Veranstaltungsort für Konzerte.

Rechts oben:
Im Zusammenhang mit der Ablösung der Postrechte erwarb das Fürstenhaus Thurn und Taxis 1810 das Klostergelände und baute es ab 1812 zur Residenz aus. Bei Führungen durch das Schloss bekommt der Besucher einen Eindruck vom Lebensstil eines der größten europäischen Adelshäuser.

Rechts Mitte:
In den Jahren 1835 bis 1841 ließ Fürst Maximilian Karl im mittelalterlichen Kreuzgarten eine Gruftkapelle errichten. Sie gilt als bedeutendstes neugotisches

Fürstenmausoleum des deutschen Historismus. Im Chor steht eine aus weißem Carraramarmor gemeißelte Christusfigur des süddeutschen Bildhauers Johann Heinrich Dannecker.

Rechts unten: *Das Marmortreppenhaus im Schloss. – Die Hausherrin, Fürstin Gloria von Thurn und Taxis, begrüßt auf ihrer Website die Besucher mit den Worten: „Gegenwart und Vergangenheit in gelebter Tradition zu vereinen, ist unser Bestreben. Mit wieviel Liebe zum Detail das Schloss aus privaten Mitteln erhalten und gepflegt wird, können Sie bei uns sehen und erleben.“*

Die Walhalla erhielt die Gestalt eines griechischen Tempels nach dem Vorbild des Parthenon auf der Akropolis in Athen. Betritt der Besucher die Halle, so steht er einer Versammlung bedeutender Persönlichkeiten gegenüber: 127 Marmorbüsten und 64 Tafeln zeugen von deutscher und europäischer Geschichte.

Linke Seite:
Blick von der Walhalla über die Donau und das Dörfchen Sarching. Der Architekt Leo von Klenze erbaute den als „Ruhmestempel" gedachten Bau 1830 bis 1842 im Auftrag König Ludwigs I. In der germanischen Mythologie bezeichnet „Walhall" den Aufenthaltsort der in einer Schlacht gefallenen tapferen Kämpfer.

Nach dem Wunsche Ludwigs I. sollte kein Stand ausgeschlossen und auch das weibliche Geschlecht berücksichtigt werden: „Gleichheit besteht in der Walhalla; hebt doch der Tod jeden irdischen Unterschied auf."

Rechts:
Die Burg Falkenstein liegt auf einem Granitfelsen (628 Meter) über dem Luftkurort Markt Falkenstein. Sie wurde im 11. Jahrhundert als Schutz- und Trutzburg vom Hochstift Regensburg erbaut. Bei guter Sicht reicht der Blick vom Turm bis zum Großen Arber im Osten und bis ins Voralpenland.

Unten:
Der Regen in Ramspau bei Regenstauf. – Im September 1786 notiert Johann Wolfgang von Goethe in sein Journal: „Da es anfing, Tag zu werden, befand ich mich zwischen Schwanendorf und Regenstauf, und nun bemerkte ich die Veränderung des Ackerbodens ins Bessere.“

Oben:
Roding liegt landschaftlich reizvoll im Naturpark Vorderer Bayerischer Wald.

Links:
1986 wurde die beschauliche Kleinstadt Burglengenfeld an der Naab international bekannt, als nach dem Reaktorunfall von Tschernobyl die Demonstrationen gegen die geplante Wiederaufarbeitungsanlage Wackersdorf ihren Höhepunkt erreichten. Rund 100 000 Besucher kamen damals zum sogenannten „Anti-WAAhnsinns-Festival" in den Ort. Über das Konzert (u.a. mit Herbert Grönemeyer, Udo Lindenberg, Wolfgang Ambros, BAP und den Biermösl Blosn) berichteten 600 Journalisten aus 10 Ländern.

Unten:
Einst war diese Region ein abgeschiedenes Tal; heute ist der Lamer Winkel touristisch erschlossen und bietet seinen Gästen ausgezeichnete Wandermöglichkeiten auf die umliegenden Gipfel. Es lockt der Große Arber, mit 1456 Metern der höchste Berg des Bayerischen Waldes.

Rechts oben:
An den Fuß der Seewand des Kleinen Arbers schmiegt sich der Kleine Arbersee, einer der schönsten und urwüchsigsten Bergseen im Bayerischen Wald. Als Karsee entstand er in der letzten Eiszeit. Vor allem wegen seiner Abgeschiedenheit und unberührten Natur ist der Kleine Arbersee als Wanderziel sehr zu empfehlen. Der See ist nur zu Fuß zu erreichen.

Rechts Mitte:
Seit 1959 ist das Gebiet um den Kleinen Arbersee Naturschutzgebiet. Der See ist berühmt für seine „Schwingrasen“. Die drei schwimmenden Grasinseln bedecken etwa ein

Drittel der Wasseroberfläche. Eine Vielfalt von Moorpflanzen und sogar schütterer Baumwuchs hat sich auf den 1,5 bis 3,5 Meter dicken Moorfilzen angesiedelt.

Rechts unten: *Zufluchtsort für alle Wanderer ist das Gasthaus „Seehäusl", einsam am Kleinen Arbersee gelegen, mit einem herrlichen Blick auf den See und die Berge. Die Wirtsleute betreiben auch einen Bootsverleih.*

Schmunzeln, Gruseln, Staunen: Im Märchen- und Gespensterschloss Lambach kann man dem Froschkönig begegnen, dem Kaiser in seinen neuen Kleidern zujubeln, das Aschenputtel bedauern oder die Matratzen zählen, auf denen die Prinzessin auf der Erbse liegt. Das Märchenschloss in einer herrschaftlichen Jugendstilvilla von 1905 stellt in jedem Raum ein anderes Märchen dar: mit Figuren, deren Köpfe, Hände und Füße aus Ton modelliert und bemalt sind. Die Kleidung ist neu geschneidert oder aus alten Sammlerstücken zusammengesetzt. Märchenstunden, Puppentheater und Bastelnachmittage bereiten großen und kleinen Besuchern Vergnügen.

Der Pfingstritt zu Bad Kötzting zählt zu den größten berittenen Bittprozessionen Europas und geht auf ein Gelöbnis aus dem Jahre 1412 zurück. Damals wurde der Pfarrer zu einem Sterbenden in das 7 Kilometer entfernte Dorf Steinbühl gerufen, doch er fürchtete sich, allein dorthin zu reiten. Deshalb gaben ihm die Kötztinger Burschen das Geleit. Nach glücklicher Rückkehr gelobten sie, den Ritt jedes Jahr zu wiederholen. Seither ziehen alljährlich am Pfingstmontag über 900 Reiter in alten Trachten betend auf geschmückten Pferden durchs Zellertal hinaus nach Steinbühl.

Rechts:
Der Marktplatz von Cham. Obwohl die Stadt in einer Flussschleife des Regen liegt, leitet sich ihr Name vom Chamb ab, dem längsten Nebenfluss des Regen. Das keltische Wort „kambos“ bedeutet „krumm, gewunden“.

Rechte Seite, oben und unten:
Der „Churpfalz-Park Loifling“ ist Gartenschau und Freizeitpark in einem. Er bietet einen 10 000 Quadratmeter großen Sommergarten mit 860 Fontänen, und einen 8000 Quadratmeter großen Heide-, Dahlien- und Englischen Garten. Im Rosarium sind über 20 000 Rosenpflanzen in allen Farben zu bewundern. Durch das Areal führen über 6 Kilometer Spazierwege.

Rechts:
Das Biertor, früher Burgtor genannt, reicht vermutlich bis ins 14. Jahrhundert zurück. Auf dem angrenzenden Gelände stand früher die Chamer Burg. Nachdem sie ihre ursprüngliche Funktion verloren hatte, wurde an dieser Stelle ab 1642 eine kurfürstliche Brauerei für Weißbier eingerichtet. Deshalb wandelte sich im Lauf der Zeit das Burgtor zum Biertor.

Ganz rechts:
Das Marienmünster (Chammünster) wird auch als die Urkirche des Oberen Bayerischen Waldes bezeichnet. Ihre Wurzeln reichen bis in das Jahr 739 zurück, als hier Regensburger Mönche eine klösterliche Niederlassung gründeten.

Gotische Figuren der Stifterpersönlichkeiten von Kloster Kastl: Graf Berengar I. von Sulzbach (rechts) gründete zusammen mit Friedrich (Mitte) und Otto (links), Grafen von Kastl-Habsberg, im Jahr 1103 die Abtei.

Die Oberpfalz ist ein katholisches Land; immer noch gehören über 60 Prozent der Bevölkerung der römischen Kirche an. Bis in die siebziger Jahre des 20. Jahrhunderts waren es sogar 80 Prozent. Von dieser Tradition zeugen zahlreiche Gotteshäuser, vom mächtigen Dom St. Peter zu Regensburg über die Pfarrkirchen in den Städten und Dörfern bis zu den Kapellen in Weilern und Gehöften.

Überregionale Bedeutung kam den Klöstern und Wallfahrtsorten zu. Die Blütezeit der Klostergründungen lag im 12. und 13. Jahrhundert. In der Oberpfalz entstanden Klöster der Benediktiner, Zisterzienser, Augustiner, Prämonstratenser, Franziskaner und etlicher anderer Orden. Ihre Stifter waren meist wohlhabende Adelige, die dadurch etwas für ihr Seelenheil erreichen wollten, denn den Mönchen und Nonnen war aufgetragen, täglich für die Stifter zu beten.

Im 16. Jahrhundert verloren die meisten Klöster durch die Reformation ihre Existenz; ihr Vermögen und Grundbesitz fielen an die Landesfürsten. Im 17. Jahrhundert wurden einige der oberpfälzischen Stifte wieder errichtet, doch nach dem Reichsdeputationshauptschluss 1803 erneut aufgelöst; manche bestehen jedoch bis heute.

Links:
Auf eine bewegte Geschichte kann Kastl zurückblicken: Kloster, Landgericht, Gymnasium waren hier untergebracht, nur die Kirche diente immer als Gotteshaus.

Oben:
Mittelpunkt der Klosteranlage Speinshart ist die unter Baumeister Wolfgang Dientzenhofer von 1691 bis 1695 erbaute Abteikirche. Mit ihrer prachtvollen Innenausstattung durch die Tessiner Brüder Lucchese zählt sie zu den schönsten Barockkirchen Süddeutschlands.

Rechts oben:
Bei der aufwändig geschnitzten Kanzel der Klosterkirche Plankstetten handelt es sich um ein Geschenk aus Österreich nach dem Dreißigjährigen Krieg (1655).

– KIRCHEN UND KLÖSTER IN DER OBERPFALZ

Eines der bekanntesten ist das Kloster Waldsassen, gegründet im 12. Jahrhundert. Es wurde zum kulturellen Zentrum des „Oberpfälzer Stiftslands“. Nach einer wechselvollen Geschichte betreuen seit 1863 Zisterzienserinnen das ehemalige Männerkloster. Die Stiftsbasilika, eine der bedeutendsten Barockkirchen Bayerns, wurde von 1682 bis 1704 erbaut. Besonders sehenswert ist die Bibliothek, 1724 bis 1726 durch italienische Stuckateure und deutsche Schnitzmeister ausgestaltet. Sie zieht jährlich rund hunderttausend Kunstinteressierte an.

ZENTREN GEISTLICHEN UND KULTURELLEN LEBENS

Um die Spitzenstellung unter den Oberpfälzer Klöstern wetteiferte Waldsassen mit St. Emmeram in Regensburg. Die ehemalige Benediktinerabtei bildete über tausend Jahre lang das geistliche und kulturelle Zentrum der Stadt. Die Bibliothek barg kostbarste mittelalterliche Bücher. 1731 bis 1733 machten die Brüder Asam die Klosterkirche zu einem barocken Kleinod. Im Zuge der Säkularisierung ging St. Emmeram 1808 an das Fürstenhaus Thurn und Taxis über.

Das Kloster Seligenporten westlich von Neumarkt ist überregional wenig bekannt, obwohl es um 1500 zu den reichsten Klöstern in der Oberpfalz zählte. Die ehemalige Zisterzienserinnenkirche blieb weitgehend im mittelalterlichen Zustand erhalten.

Von der Abtei Kastl, gegründet 1103, ging ab 1380 sogar eine Reform aus, der sich bis 1500 rund 30 andere Benediktinerklöster anschlossen. Man wollte die Liturgie aufmerksamer feiern, den Gehorsam und das Schweigen strenger einhalten und die Besitzlosigkeit ernster nehmen.

Nur noch eine Ruine, aber eine sehr imposante, ist vom Kloster Gnadenberg nördlich von Neumarkt geblieben. Im 15. Jahrhundert gab es hier ein Kloster des Birgittenordens – eines Doppelordens für Frauen und Männer. Zum Dachstuhl der mächtigen Kirche erstellte sogar Albrecht Dürer ein Gutachten. Das Kloster wurde 1556 geschlossen, und 1635, während des Dreißigjährigen Kriegs, schossen die Schweden die Kirche in Brand, die daraufhin verfiel.

Zu den berühmten Wallfahrtsstätten der Oberpfalz zählt die Wallfahrtskirche zur Heiligen Dreifaltigkeit Kappl bei Waldsassen. Dieser theologische Hintergrund spiegelt sich in ihrer Architektur wider, bei der in allen Gebäudeteilen die Zahl Drei dominiert. Drei Türme und drei Dachreiter zieren diese Kirche, die 1685 bis 1689 vom Hofarchitekten Georg Dientzenhofer für die Jesuiten erbaut wurde.

Die Wallfahrtskirche Mariahilf in Freystadt lockt auch Kunstfreunde an, mit ihren Fresken, die Johann Georg Asam unter Mitwirkung seiner Söhne Cosmas Damian und Egid Quirin malte. In Griesstetten verehrt man seit dem 12. Jahrhundert die „Drei elenden Heiligen“, wobei unter „elend“ „ausländisch“ zu verstehen ist, denn zwei von ihnen waren schottische Benediktiner. Der beliebteste Pestheilige der Oberpfalz war St. Sebastian, dem auch die Wallfahrtskirche bei Breitenbrunn geweiht ist. – Zwar ging das Wallfahrtsbrauchtum nach dem Zweiten Weltkrieg zurück, doch ist es in der Region bis heute lebendig geblieben.

Rechts Mitte:
Bei der Kirche St. Peter und Paul zu Perschen ist ein Beinhaus (Karner) zu besichtigen. Der romanische Rundbau mit spitzem Kegeldach ist berühmt für seine farbenprächtigen Kuppelfresken.

Rechts unten:
Bis 1803 war dieses Tor die einzige Zufahrt zum Klosterdorf Speinshart. Die Prämonstratenserabtei wurde 1145 gegründet, dann 1556 und 1803 aufgehoben. Seit 1921 leben hier wieder Mönche.

Unten:
Glockenspiel am Erker des Amtsgerichts in Furth im Wald. Die bayerische Grenzstadt wird umrahmt von den Bayerwald-Bergen Gibacht (934 Meter) und Hoher Bogen (1073 Meter) auf der bayerischen und dem Cerchov (1032 Meter) auf der böhmischen Seite. Die Flusslandschaften des Chamb und weiterer Bäche durchqueren die Further Senke, das „Landestor zwischen Bayern und Böhmen“.

Kleine Bilder rechts:
Seit Jahrhunderten wälzt sich ein Drache durch Furth im Wald. Mit aufgerissenem Rachen, gebleckten Zähnen, Feuer speiend, rauchend und brüllend ist er Sinnbild für das Böse. Seit über 500 Jahren wird die Bestie beim Further Drachenstich überwältigt – doch steht sie alljährlich wieder auf, um erneut beim ältesten deutschen Volksschauspiel niedergestreckt zu werden. Dabei wirken 1400 Spieler in Kostümen mit, mehr als 250 Pferde, Repliken mittelalterlicher Trosswagen, Kaleschen und Kanonen.

ZWISCHEN FRÄNKISCHER ALB UND OBERPFÄLZER

Verlockend für alle passionierten Wasserratten: der Silbersee in der Gemeinde Tiefenbach. Bei dem natürlich erhaltenen Stausee ist das Ufer blickgeschützt und daher bei Naturfreunden besonders beliebt. Neben Segeln, Angeln, Surfen und natürlich Baden gibt es rund um den See auch Gelegenheit, Brauchtum und alljährlich stattfindende Feste mitzuerleben.

Amberg war im Mittelalter ein bedeutender Umschlagplatz für Eisen und Salz und jahrhundertelang, bis 1810, die Hauptstadt der „oberen Pfalz". Innerhalb der nahezu vollständigen Ringmauer blieb die mittelalterliche Stadtanlage erhalten. Die Wallfahrtskirche Maria Hilf auf dem gleichnamigen Berg, die von Cosmas Damian Asam ausgemalt wurde, zieht jährlich Tausende von Pilgern aus der Umgebung an.

Nordwestlich von Amberg, am Ostrand der Fränkischen Alb, liegt Sulzbach-Rosenberg, das mit der größten Schlossanlage Nordostbayerns aufwartet. Schon im 9. Jahrhundert war der Schlossberg bebaut. Reichtum an Bodenschätzen prägte die Entwicklung der Stadt. Als technisches Denkmal gelten Teile des vor einigen Jahren endgültig stillgelegten Stahlwerks Maxhütte.

Das wirtschaftliche und kulturelle Zentrum der westlichen Oberpfalz ist Neumarkt, das im 15. und 16. Jahrhundert Residenzstadt war. Am Ludwigskanal zwischen Main und Donau gelegen, wurde es im 19. Jahrhundert sogar Hafenstadt. Der Kanal wird seit dem Zweiten Weltkrieg nicht mehr genutzt und dient als Naherholungsgebiet.

Im Tal der Naab liegt Schwandorf. Als Eisenbahnknotenpunkt wurde die Stadt im Zweiten Weltkrieg schwer beschädigt. Letzter Überrest der mittelalterlichen Stadtbefestigung ist der Blasturm, der von Carl Spitzweg gemalt wurde. Der Ort Wackersdorf östlich von Schwandorf wurde Anfang der 1980er Jahre bekannt durch den Widerstand der Atomkraftgegner gegen die dort geplante atomare Wiederaufarbeitungsanlage.

Der südliche Oberpfälzer Wald lockt mit zahlreichen staatlich anerkannten Erholungsorten. Oberviechtach gehört auch dazu; die Stadt ehrt ihren berühmtesten Sohn, den Wundarzt Doktor Eisenbarth, mit einem Brunnen und alljährlichen Festspielen.

Unten:
Neumarkt in der Oberpfalz – die Einheimischen sagen „Neimack“ oder „Neimoark“ – ist mit circa 40 000 Einwohnern das wirtschaftliche und kulturelle Zentrum der westlichen Oberpfalz. Die Geschichte der Stadt beginnt um das Jahr 1100 und erreicht einen Höhepunkt, als Neumarkt im 15. und 16. Jahrhundert Residenz der pfälzischen Wittelsbacher ist. Danach verliert die Stadt an Bedeutung, bis sie sich im 19. Jahrhundert zu einem Industriestandort entwickelt.

Rechts oben:
Zu den Sehenswürdigkeiten Neumarkts zählt das historische Rathaus. Es wurde um 1430 als gotisches Ratsgebäude errichtet und nach der Zerstörung 1945 in den Jahren 1956 und 1957 originalgetreu wieder aufgebaut. Umgeben wird die Altstadt von der Stadtmauer, die ebenso wie der Stadtgraben nur noch teilweise erhalten ist.

Rechts Mitte:
Der langgezogene Straßenmarkt als Hauptachse der Altstadt von Neumarkt wird vom Rathaus in den Oberen und den Unteren Markt geteilt. Hier laden Cafés zum Verweilen ein.

Rechts unten:
Die Wallfahrtskirche Mariahilf in Freystadt wurde von 1700 bis 1710 durch Giovanni Antonio Viscardi über dem Grundriss eines griechischen Kreuzes errichtet. Sie zählt mit ihrer von vier Ecktürmen umrahmten und mit einer Laterne bekrönten Rotunde zu den bedeutendsten hochbarocken Zentralbauten in Bayern. Die Fresken aus dem Marienleben malte Johann Georg Asam unter Mitwirkung seiner Söhne Cosmas Damian und Egid Quirin Asam.

Rechts:
Mitten im Herzen Bayerns und zugleich im Naturpark Altmühltal liegt der staatlich anerkannte Erholungsort Breitenbrunn. An seinem Ortsrand befindet sich die Wallfahrtskirche St. Sebastian. Sie stammt aus dem 14. Jahrhundert; zu ihren Füßen entspringt eine Heilquelle.

Rechte Seite oben:
Kaum eine andere Stadt Bayerns besitzt ein so geschlossenes, unverändertes mittelalterliches Stadtbild wie das als Denkmalort ausgezeichnete Berching.

Rechte Seite unten:
Zur Gemeinde Berching gehört Plankstetten mit dem gleichnamigen Benediktinerkloster, das 1129 gegründet wurde. Die Kirche Mariä Himmelfahrt errichtete man im romanischen Stil.

Rechts:
Karl Kempf ist Schäfer im Landkreis Neumarkt. Die Schafhaltung hat in der Oberpfalz eine lange Tradition und wurde vor allem auf Böden eingesetzt, die sonst keinen Ertrag versprachen. An der Spitze der Vermarktung steht heute das Fleisch der Lämmer.

Ganz rechts:
Ein Rehkitz im Gebiet der Weißen Laaber bei Berching. Die meisten Rehkitze kommen als Zwillinge zur Welt, das Geburtsgewicht beträgt nur etwa 1200 Gramm. Bereits in seiner dritten Lebensstunde kann das Kitz stehen und macht die ersten Gehversuche.

Gasthof
Dallmayr
Tchibo

Die Ruine Kürnberg liegt versteckt auf einer bewaldeten Höhe bei Stamsried. Gegründet wurde die Burg 1346. 1433 verwüsteten die Hussiten die Gegend. 1634 eroberten die Schweden den Ort und belagerten und zerstörten die Anlage. Seitdem ist sie verlassen. Alle Teile sind frei zugänglich.

Im Handwerksmuseum Rötz-Hillstett kann man erleben, wie Handwerker zu Beginn des 20. Jahrhunderts gearbeitet und gelebt haben. Zwanzig verschiedene Berufe werden dargestellt, unter anderem Wagner, Schmied, Bäcker, Friseur, Schuster und Hutmacher. Außerdem wurden Teile einer ehemaligen Schnupftabakfabrik und ein Dampfsägewerk, das bis in die 1960er Jahre noch in Betrieb war, wieder aufgebaut.

Am Ende des Mittelalters spürte man den Beginn einer neuen Epoche. War die Zeit der Ritter und Burgen vorüber? – Zu einer Reise an den Anfang des 16. Jahrhunderts lädt das historische Freilichtspiel „Der Guttensteiner" in Rötz-Schwarzenburg ein, das die Geschichte der Brüder Guttenstein erzählt.

Die malerische Ruine der Schwarzenburg eignet sich hervorragend als Kulisse für die Aufführung. In einer dramatischen Schlussszene verlässt Heinrich von Guttenstein die Burg als Verlierer. Ihm bleibt die Erkenntnis, dass ritterliche Adelsgewalt gegen den Einfluss der Reichsstädte ebenso verloren ist wie der Herrschaftsanspruch gegen den aufkommenden Bürgermut.

Oben:
Schönsee liegt im Naturpark Oberpfälzer Wald, nahe der Grenze zu Tschechien. Die waldreiche, idyllische Landschaft zieht viele Kurgäste an. Diese finden hier Erholung in intakter Natur und können vielfältige Sport- und Freizeitangebote nutzen.

Rechts:
Das kleine Pfarrdorf Böhmischbruck liegt im Norden der Oberpfalz. Sein Ortsbild wird geprägt durch die im 18. Jahrhundert erbaute Pfarrkirche Mariä Himmelfahrt, die unter Denkmalschutz steht. Zahlreiche Wegkreuze in der Umgebung geben Zeugnis von der Volksfrömmigkeit, die auch heute noch bei den etwa 500 Einwohnern herrscht.

Links:
In der Mitte des Ortes Pleystein erhebt sich ein gewaltiger Felskegel aus Rosenquarz. Auf seinem Gipfelplateau wurde 1814 die Kreuzbergkirche erbaut, nachdem die Burg aus dem 13. Jahrhundert bereits stark verfallen war. Die Kirche wurde 1901 bei einer Feuersbrunst zerstört; der heutige Bau stammt aus dem Jahr 1908.

Unten:
Lupinen bei Moosbach. Die Lupine ist in der Landwirtschaft von Nutzen, da sie Stickstoff im Boden anreichert und als Viehfutter genutzt werden kann. – Moosbach feiert im Jahr 2007 sein fünftes Heimatfest, das traditionell alle zehn Jahre abgehalten wird.

Seite 70/71:
Die Burgruine Leuchtenberg im gleichnamigen Ort ist die größte und am besten erhaltene Burgruine der Oberpfalz. Sie liegt auf dem Gipfel des 537 Meter hohen Berges Leuchtenberg und ist einer der bekanntesten Aussichtspunkte der Region. Heute wird die Burgruine als Freilichtbühne genutzt und ist Veranstaltungsort der alljährlich stattfindenden Burgfestspiele Leuchtenberg. Theaterstücke aus vielen verschiedenen Genres werden hier aufgeführt oder Lesungen abgehalten.

Vohenstrauß liegt im vorderen Oberpfälzer Wald an der Waldnaab. Vor dem staatlichen Rathaus auf dem großzügig gestalteten Marktplatz steht ein Kriegerdenkmal. Wahrzeichen der Stadt ist das 1585 bis 1589 errichtete Renaissanceschloss Friedrichsburg. Auch das Edelsteinmuseum mit über 3000 Exponaten lohnt einen Besuch.

Am Übergang vom Oberpfälzer Wald zum Bayerischen Wald liegt die Stadt Neunburg vorm Wald an der Schwarzach. Reste von Türmen, Toren, Treppen und Mauern und dicht aneinander gedrängte spitze Giebeldächer prägen die Altstadt. Eine besondere Attraktion lockt jährlich viele tausend Besucher nach Neunburg. Im Sommer wird an den Wochenenden das Freilichtspiel „Vom Hussenkrieg" aufgeführt.

Zwischen 1972 und 1976 wurde die Schwarzach durch eine 130 Meter lange und bis zu 28 Meter hohe Mauer auf 6,5 Kilometer Länge aufgestaut. Der Eixendorfer Stausee bei Neunburg vorm Wald hat eine hervorragende Wasserqualität, und die landschaftliche Schönheit lädt zu verschiedensten Freizeitaktivitäten ein.

Oben:
Die Stadt Nabburg liegt im Naturpark Oberpfälzer Wald beiderseits der Naab. Bei Nabburg beginnt der Pfahl, ein insgesamt 150 Kilometer langer Quarzfelsenzug. Hoch über dem Fluss thront die Altstadt und zeugt von ihrer über 1075-jährigen Geschichte.

Rechts:
Die hervorragend erhaltene Stadtmauer umschließt schützend die dicht beieinanderstehenden Gebäude der Nabburger Altstadt. Sie widerstand im 15. Jahrhundert dem Ansturm der Hussiten. Hier ist das Obere Tor zu sehen.

Für zwei Tage im Sommer werden die Stadttore von Nabburg für den Mittelalter-Markt geöffnet. Zu Beginn verliest der Bürgermeister in historischen Gewändern die Marktordnung von 1527. An Ständen und Buden kann man Handwerkern bei der Ausübung altertümlicher Berufe über die Schulter schauen. Gaukler und Spielleute unterhalten mit ihren Künsten, und es werden historische Tänze zu mittelalterlicher Musik dargeboten. Der Markt findet seit 1990 alle zwei Jahre statt.

Schuierer

ProShop
ProShop

Seite 76/77:
Das Gebiet der heutigen Großen Kreisstadt Schwandorf war schon vor rund 1000 Jahren besiedelt; im Kies der Naab fand man einen Angelhaken aus der Bronzezeit. Der Blasturm, ein Überrest der mittelalterlichen Stadtbefestigung, überstand unbeschadet ein halbes Jahrtausend. Carl Spitzweg hat ihn gemalt.

Ein Weiher bei Schwandorf. Östlich des Ortes befindet sich ein ehemaliges Braunkohle-Tagebaugebiet. Die Gruben sind mit Wasser gefüllt; eine herrliche Seenlandschaft ist entstanden. Die größeren Teiche werden touristisch in vielfacher Weise genutzt.

An feuchten Standorten – wie hier an einem Weiher bei Schwarzenfeld im Oberpfälzer Seenland – wächst der Blutweiderich. Diese Pflanze dient den Raupen aus der Familie der Nachtpfauenaugen als Futter und wird auch von Tagschmetterlingen als Nektarspender geschätzt.

Rechte Seite:
Der Marktflecken Kastl liegt zwischen Amberg und Neumarkt im engen Tal der Lauterach. Über dem Ort thront seit 900 Jahren die imposante Anlage der Kastler Klosterburg (bis 1556 Benediktinerabtei). Dieser wehrhafte Komplex mit der an Kunstschätzen reichen romanischen Kirche hinterlässt bei Besuchern einen unvergesslichen Eindruck.

In der Oberpfalz ist die Tradition, aufwändige Krippen zu gestalten, lebendig geblieben. Ein privates Krippenmuseum in Plößberg gibt Zeugnis von der Kunst der ortsansässigen Krippenschnitzer.

Rechts oben und unten: *Bergbau und Industrie des gesamten ostbayerischen Raumes zu erforschen, zu dokumentieren und darzustellen, hat sich das überregionale Bergbau- und Industriemuseum in Theuern zur Aufgabe gemacht.*

Ganz rechts oben und unten: *Das Deutsche Knopfmuseum zeigt das ganze Spektrum der Knopfindustrie, die in Bärnau zu Hause ist. Auf zwei Etagen sind Tausende von Knöpfen aus 26 verschiedenen Materialien und vier Jahrhunderten ausgestellt. Die Kleidung für das 1966 entstandene „Bärnauer Knopfpaar" besteht aus sage und schreibe 18 500 Knöpfen und Verschlüssen.*

Nicht nur Oberpfälzer Trachten stellt das Stadtmuseum Amberg aus. Verschiedene Abteilungen widmen sich den Themen Archäologie, Stadtgeschichte, Handwerk oder Industrie; eine weitere ehrt den international bekannten Künstler Michael Mathias Prechtl (1926–2003), einen Sohn der Stadt. Er wurde vor allem durch Buch- und Titelillustrationen, Plakate und Karikaturen bekannt.

Ganz links:
Das Archäologische Museum der Oberpfalz in Amberg präsentiert die Besiedlungs- und Kulturgeschichte der gesamten Oberpfalz.

Links oben und unten:
Das Amberger Stadtmuseum besitzt mit fast 2000 Objekten die größte Sammlung von Amberger Fayencen und Steingut in Bayern. – Vorhang auf zu einer Modenschau: Die Abteilung „Kleidung gestern und heute“ lädt ein zu einem Spaziergang durch die Kleidungsgeschichte.

Ganz links:
Das Glasmuseum in Plößberg zeigt eine reiche Auswahl ausgesuchter Produkte der Glasindustrie nicht nur aus der Region.

VON „AUSZOG'NE" BIS „ZWIRL"

Die heimische Küche ist in größter Gefahr!", warnte 1977 Adolf J. Eichenseer, Herausgeber des Kochbuchs „Oberpfälzer Kost". Heute erscheint das übertrieben, denn trotz der Internationalisierung der deutschen Speisekarte haben sich regionale Spezialitäten behauptet. Beeinflusst von den benachbarten böhmischen und bayerischen Küchen, hat die Oberpfälzer Küche keinen eigenen Ruhm erlangen können; der an Humus arme und an Scherben reiche Boden gab nicht viel her. Doch heute hat die Region einiges an Schmankerln zu bieten!

Einst begann der Tag bei den Bauern um vier Uhr in der Frühe. Wenn sie abends gegen sieben vom Feld heimkamen, erwartete sie als erste Mahlzeit eine Suppe. Auch heute eröffnet die Suppe das Essen. Ein Sprichwort aus der nördlichen Oberpfalz lautet: „Die stärkste Suppe ist die Wassersuppe, denn das Wasser treibt die Mühlräder an". Am typischsten kann dies eine Brennsuppe sein. Dafür werden Zwiebeln in Schweineschmalz angedünstet und dann mit Fleischbrühe aufgekocht. Auch Kraut-, Schwammerl- (Pilz-), Bier- oder Buttermilchsuppen schmecken – vor allem aber eine Kartoffelsuppe.

Die Oberpfalz nannte man früher auch „Erdäpfelpfalz"; seit dem 18. Jahrhundert wird die Knolle angebaut und ist aus dem Speiseplan nicht wegzudenken. In den Hungerjahren des Bayerischen Erbfolgekrieges 1778/79 zwischen Österreich und Preußen entstand der Spruch: „Erdäpfl in da Froih (in der Früh), mittags in da Bröih (Brühe), af d'Nacht in da Heit (Haut), Erdäpfl in Ewichkeit!" – Als Grundnahrungsmittel kamen Kartoffeln jeden Tag auf den Tisch: als „Sterz" (Kartoffelbrei),

Links: *Regensburger Spezialität: Bratwürstchen, Sauerkraut und Senf, deftig und gut.*

Oben: *Beim „Dampfnudel Uli" in Regensburgs Baumburger Turm treffen sich Touristen und Alteingesessene, um mittags eine regionaltypische Dampfnudel aus Hefeteig oder einen Aprikosenstrudl zu verspeisen.*

Rechts, von oben nach unten: *Aus gekochten Kartoffeln, Eiern, Butter, etwas Mehl und einer Prise Salz werden die „Fingernudeln" hergestellt und dann in Schmalz geröstet.*

„A scheenas Wirtshaus konns ned gehm, wenn doch, dann hobes no ned gsehng", wirbt der Gasthof Stirzer bei Dietfurt selbstbewusst. Im Innenhof des rund 350 Jahre alten Baus befindet sich ein lauschiger Biergarten.

– OBERPFÄLZER SCHMANKERLN

„Radi" sagt man in Bayern zum Rettich. Einer deckt den Tagesbedarf eines Erwachsenen an Vitamin C. Typischerweise wird er mit einem Butterbrot verspeist.

Zahlreiche Brauereien stellen den beliebten Gerstensaft her. Seit 1826 wird das dunkle Bier „Alt-Berchinger" getrunken.

„Zwirl" (eine Art Streusel aus gekochten Kartoffeln), Kartoffelnudeln („gewuzelt" wie die schwäbischen Schupfnudeln), „Goaßbratl" (gratinähnlich), oder natürlich als Knödel. Kartoffeln machten armen Leuten den Bauch voll, wie die Oberpfälzer Dichterin Margret Hölle schreibt: „Newa unsere Erdbirn / is nu a Fisch gleng / ... öiz woiße erscht / wöi guats uns gang is / owa döi woan bluoß fünf Leit / uns woan möia". (Neben unseren Kartoffeln / ist noch ein Fisch gelegen /... jetzt weiß ich erst / wie gut es uns gegangen ist / aber die waren bloß zu fünft / wir waren mehr Leute.)

Schweinsbraten, Knödel und Kraut bilden den klassischen bayerischen Dreiklang auf dem Teller. Natürlich bieten die Gaststätten auch regionale Spezialitäten an: Wer in Regensburg weilt, sollte die Rostbratwürstl der jahrhundertealten „Wurstkuchl" bei der Steinernen Brücke probieren. Reichhaltig ist die Auswahl an Süßwasserfischen, allen voran der „Original Oberpfälzer Karpfen", der hier in Tausenden von Teichen gezüchtet und auf viele Arten zubereitet wird: blau, gebraten oder gebacken, mit allerlei Saucen.

SÜSSE LECKEREIEN UND ZÜNFTIGE BROTZEIT

Süßspeisen, die wir heute als Dessert auf der Speisekarte finden, wie Pfannkuchen oder „Auszog'ne" (Schmalzgebäck), waren früher oft die Kost an Freitagen, an welchen nach katholischer Tradition Fleisch nicht erlaubt war. Hinter dem Namen „Scheiterhaufen" verbirgt sich ein süßer Auflauf aus altbackenen Semmeln (Brötchen) mit Äpfeln, Rosinen, Milch und Eiern. Nur saisonal angeboten werden die „Hollerküchle", in Pfannkuchenteig ausgebackene Holunderblütendolden.

Am Abend, oder wenn kalte Küche bevorzugt wird, serviert man eine „Brotzeit". Dazu gehören gepökelter, geräucherter Schweinebauch („Gselchtes"), Leber- und Blutwurst, Sülzen und „Obatzter", eine Paste aus Weichkäsen, Zwiebeln und Gewürzen; außerdem Radieschen oder ein „Radi" (Rettich), und ein kräftiges Bauernbrot.

Zwar gilt heute Bier als „einfaches" Getränk, und Wein als „gehobenes", doch soll es einmal anders gewesen sein. So trank im Mittelalter der einfache Mann Wein; nur in wohlhabenden Fürstenhöfen und Klöstern konnte man sich das aufwändig gebraute Bier leisten. Bis zum 16. Jahrhundert erlaubte mildes Klima den Rebenanbau in der Oberpfalz. Tatsächlich gibt es auch heute noch Wein aus Oberpfälzer Reben, allerdings nur in geringen Mengen. Die Palette regionaler Biersorten ist vielfältig. In Amberg, der früheren Hauptstadt der Oberpfalz, hatte einst jeder Bürger das Recht, sein eigenes Bier zu brauen oder sich brauen zu lassen.

Seite 84/85:
Die Stadtmauer von Amberg. Der 1941 hier geborene Schriftsteller Eckhard Henscheid urteilte hart über seine Heimatstadt: „In den Köpfen der Bürger nisten Brutalität, Infamie und der hundertprozentige Wille zu nichts.“ – Dennoch erhielt Henscheid im Jahr 2005 den Kulturpreis der Stadt Amberg; das Preisgeld schenkte er seinem früheren Gymnasium.

Rechts:
Das Kurfürstliche oder Neue Schloss zu Amberg war der Regierungssitz der Pfalzgrafen. Kurfürst Ludwig III. ließ es im Jahre 1417 erbauen. Kurfürst Friedrich I. wandelte es in eine Zwingburg um. Heute wird es als Landratsamt genutzt.

Geschäfte in der Amberger Georgenstraße. – „Am Erz ist Amberg entstanden, auf einer Schicht von Zunder und Schlacken aufgebaut, durch Erz blühend und fest geworden; mit Fug heißt es Eisenstadt“, stellte Ricarda Huch einst in ihren „Städtebildern“ fest. Die Metallgewinnung verhalf Amberg einst zu Wohlstand, und noch heute steht die Stadt wirtschaftlich gut da.

Oben:
Auf dem Maria-Hilf-Berg über Amberg heißt eine 1711 geweihte barocke Wallfahrtskirche Pilger und Besucher willkommen. Die Deckenfresken stammen von Cosmas Damian Asam. Von der Bergwirtschaft genießt man einen schönen Ausblick auf Stadt und Land.

Links:
Das Rathaus in Amberg wird urkundlich erstmals 1348 erwähnt. Der historische Teil ist im Stil der Spätgotik und der Renaissance erbaut. Zu Repräsentationszwecken ist dem Haus eine von Säulen getragene Plattform (Altane) vorgebaut.

Sulzbach-Rosenberg liegt am Ostrand der Fränkischen Alb im Oberpfälzer Jura. 1934 wurden beide Teilstädte zusammengelegt. Das historische Stadtzentrum Sulzbachs, mit der größten Schlossanlage Nordostbayerns, liegt erhöht auf einem Felsen. – Dieser mächtige Neorenaissancebau aus dem Jahr 1905 war früher Sitz des Amtsgerichts. Seit 1977 beherbergt er ein Literaturarchiv.

Rechte Seite: *Kaiser Karl IV., König von Böhmen, bildete im 14. Jahrhundert aus den zu Sulzbach gehörenden Gebieten zwischen Nürnberg und Prag das Territorium „Neuböhmen" und erhob Sulzbach zur Hauptstadt dieses Landes. Er gestattete den Sulzbachern Zollfreiheit in allen Städten des Reiches und im Königreich Böhmen, und gestand ihnen das Recht zu, im gesamten Sulzbacher Gebiet Bergwerke zu errichten. In dieser wirtschaftlichen Blütezeit entstand das prächtige gotische Rathaus.*

Die Ursprünge des Schlosses Sulzbach gehen auf das 9. Jahrhundert zurück. Die erhaltenen, noch aufrecht stehenden Bauteile der Burg (wie die Burgkirche oder verschiedene Saalbauten) sind im heutigen Bestand des Schlosses nicht mehr ohne weiteres zu erkennen.

Unten:
Schon von weitem erblickt man ihn, den „Mont Blanc“ von Hirschau: Der „Monte Kaolino“, auch Weißer Riese genannt, ist ein 150 Meter hoch aufgeschütteter Berg aus rund 35 Millionen Tonnen feinem Quarzsand, einem Abfallprodukt des Kaolinabbaus im Raum Hirschau.

Kleine Bilder rechts: *Ein wahres Eldorado für Funsportler: Am Südhang errichtete die Stadt Hirschau in den sechziger Jahren einen Freizeitpark mit Freibad, Restaurant, Kinderspielplatz und Campinganlage. Der Sandhang eignet sich auch zum Skifahren und verfügt als einziger Sandberg der Welt über eine stationäre Liftanlage, die Monte-Kaolino-Bahn. Auf gemieteten Brettern geht's die 220 Meter lange Piste hinunter. Der Monte Kaolino ist Schauplatz von internationalen Meisterschaften im Sandski- und Sandboard-Fahren.*

Rechts:
Das alte Rat- und Schulhaus in Luhe (mit Dachstuhlbalken von 1546/47) bildet den Abschluss des spätmittelalterlichen Marktplatzes. Im Hintergrund die Pfarrkirche St. Martin.

Unten:
Vom Bergfried der Burg Wernberg kann man seinen Blick über die sanft geschwungenen grünen Hügel und die Weite des Naturparks Oberpfälzer Wald schweifen lassen. In der ehemaligen Burg befindet sich seit 1998 ein Hotel.

Oben:
Geheimtipp für alle Mittelalterfans ist die sich am Rand des idyllischen Ortes Trausnitz stolz erhebende Burg Trausnitz im Tal, die als Jugendherberge genutzt wird. Ein schöner Ort oberhalb des reizvollen Pfreimdtales inmitten des Oberpfälzer Waldes.

Links:
Das „Axtheider Schlössl“ in Vilseck stammt aus dem 16. Jahrhundert und war ehemals Sitz eines „Burghüters“ des Bischofs von Bamberg. Es wurde 1985 bis 1991 vollständig restauriert.

VON WEIDEN INS STIFTLAND –

Der staatlich anerkannte Erholungsort Neualbenreuth liegt eingebettet in die reizvolle Parklandschaft des Oberpfälzer Waldes. Das in den 1990er Jahren errichtete Sibyllenbad ist das bislang einzige Kur- und Heilbad der Oberpfalz. Hier sprudelt die stärkste Radonquelle in Deutschland.

Größte Stadt der nördlichen Oberpfalz ist Weiden mit 42 000 Einwohnern. Sie liegt im Tal der Waldnaab am Rande des nördlichen Oberpfälzer Walds, und ist überregional bekannt für ihre Porzellanfertigung. Hier wuchs der Komponist Max Reger auf. Besonders reizvoll ist die Altstadt um den Marktplatz. 1536 wurde die Stadt durch einen Brand zerstört, und viele Bürgerhäuser, die danach errichtet wurden, weisen Stilelemente der Renaissance auf.

Neustadt an der Waldnaab ist Zentrum der Bleikristallfertigung. Der Ort war von 1562 bis 1806 im Besitz des böhmischen Fürstengeschlechts Lobkowitz, das hier zahlreiche Bauwerke errichten ließ, zum Beispiel das Alte und Neue Schloss.

In Grafenwöhr zeigt das Kultur- und Militärmuseum nicht nur Ausstellungsstücke zur Geschichte des 1908 gegründeten Truppenübungsplatzes, sondern auch zu kulturhistorischen Themen und zum Alltag der Oberpfälzer in früheren Zeiten. Das tiefste Loch der Welt kann in Windischeschenbach bestaunt werden. Von 1987 bis 1994 wurde hier das „Kontinentale Tiefbohrprojekt" durchgeführt. Mit einer neun Kilometer tiefen und 70 Zentimeter dicken Bohrung wurde die Erdkruste erforscht. In Tirschenreuth befindet sich ein Fischereimuseum, und in der Friedhofskapelle St. Michael ein bemerkenswerter, auf die Deckentäfelung gemalter „Totentanz" aus dem frühen 18. Jahrhundert.

Ganz im Norden der Oberpfalz liegt das „Stiftland". Barockkirchen, Fischweiher und Fichtenwälder bestimmen das Landschaftsbild. Viele Orte laden mit ihrer beschaulichen Umgebung zum Verweilen ein. Kultureller Mittelpunkt ist Waldsassen mit dem Zisterzienserinnenkloster und der barocken Wallfahrtskirche Kappl. Die Stiftsbibliothek mit ihren kunstvollen Schnitzereien lockt jedes Jahr etwa hunderttausend Besucher an.

DER NORDEN

CAFÉ LATINO

Links:
Alexander von Humboldt sah im Parkstein bei Weiden den „schönsten Basaltkegel Europas". Die 38 Meter hohe Basaltformation besteht aus fünf- und sechseckigen, bis zu einem Meter hohen Säulen. Es handelt sich um einen ehemaligen Lavastrom, der nach Verwitterung des oberen weicheren Gesteins an die Oberfläche trat.

Linke Seite:
Das gotische Rathaus der rund 9300 Einwohner zählenden Gemeinde Auerbach stammt von 1418. Im Umkreis des Ortes befinden sich ein Naturpark, eine Grotte und ein Bergbaumuseum.

Seite 98/99:
Oberpfälzer Schmuckstück: die Stadt Weiden. Der Obere Markt mit seinen schönen Giebelhäusern aus der Zeit nach 1540 erstreckt sich zwischen dem Oberen Tor und dem Alten Rathaus.

Ganz links:
Das Rathaus von Grafenwöhr. Bis 1900 hatte die Stadt nur circa 900 Einwohner. Nach der Gründung eines Truppenübungsplatzes – heute von der US Army und der NATO genutzt – im Jahr 1908 erfolgte ein wirtschaftlicher Aufschwung. 1945 zerstörten schwere Bombardierungen den Ort nahezu vollständig.

Links:
Der Name der Stadt Kemnath leitet sich von der alten Bezeichnung für ein beheiztes Zimmer in einer mittelalterlichen Burg ab, „Kemenate".

DAS WEISSE GOLD

„Weißes Gold" nennt man das Porzellan, denn diese blütenweiße, transparent schimmernde Keramik war lange Zeit so wertvoll, dass nur Herrscherhäuser sie sich leisten konnten. Erfunden wurde das Porzellan im 7. Jahrhundert n. Chr. in China. Seine Zusammensetzung und sein Produktionsverfahren galten als gut gehütetes Geheimnis. Siebenhundert Jahre später brachte Marco Polo von seiner Reise nach China erstmals Porzellan mit nach Italien. Dort war man begeistert von diesem zarten Material. In Europa kannte man für das einfache Volk nur Essgeschirr aus Holz oder Ton; Wohlhabende speisten von Tassen und Tellern aus Edelmetall, Zinn oder Glas. Bis zum 16. Jahrhundert hatte sich Porzellan zu einer begehrten Ware im Handel mit China entwickelt.

Der sächsische König August der Starke soll sehnsüchtig bekannt haben: „Das Verlangen nach Porzellan ist wie das Verlangen nach Orangen." Der Monarch hatte den Alchimisten Johann Friedrich Böttger (1682–1719) zunächst mit der Herstellung von Gold beauftragt, was natürlich misslang. Auf der Grundlage der Forschungen von Ehrenfried Walther von Tschirnhaus (1651–1708), der schon seit Jahren die Zusammensetzung und den aufwändigen Produktionsweg des Porzellans untersucht hatte, gelang es Böttger 1709, die Erfindung des europäischen Porzellans zu vermelden. Die Materialien Kaolin (ein feines, weißes Gestein), Quarz und Feldspat müssen in einem bestimmten Verhältnis mit Wasser und Soda vermischt werden und längere Zeit lagern, um dann in Formen gegossen oder von Hand modelliert zu werden. Nach einem ersten Brand, dem Schrüh- oder Glühbrand bei 850 bis 950°C, trägt man die Glasur auf. Der zweite Brand, der Glatt- oder Glasurbrand bei 1300 bis 1400°C, bewirkt die Versinterung (Verglasung) der Bestandteile. Nach Meißen (1710) entstanden

– DIE KUNST DER PORZELLANHERSTELLUNG

Ganz links:
Johann Friedrich Böttger (1682–1719), ein deutscher Alchemist, ist zusammen mit Ehrenfried Walther von Tschirnhaus Erfinder des europäischen Porzellans.

Links:
Im Stadtmuseum Amberg ist dieser Steingutteller aus dem 19. Jahrhundert zu bewundern. Das Museum verfügt mit fast 2000 Objekten über die größte Sammlung von Amberger Fayencen und Steingut in Bayern.

Kleine Bilder rechts:
Christian Wilhelm Seltmann (geb. 1870), ein gelernter Porzellandreher, gründete im Jahre 1910 in Weiden seine Porzellanfabrik für Gebrauchs- und Luxusporzellan. Ob in der deutschen oder der internationalen Spitzengastronomie, im Bereich Gemeinschaftsverpflegung oder in Krankenhäusern und Heimen – „Bauscher Weiden" ist als Weltmarke des Hotelporzellans ein Begriff.

Rechts:
Mokkatassen aus dem 19. Jahrhundert – „das weiße Gold der Oberpfalz". Für Liebhaber und Sammler ein kleines Vermögen wert.

Porzellanmanufakturen in Wien, London, Paris und vielen anderen europäischen Zentren.

Das Bedürfnis nach Porzellan erreichte auch Bayern. Dort fanden sich sogar besonders günstige Bedingungen, weil beispielsweise bei Hirschau, Selb und Tirschenreuth große Vorkommen an den notwendigen Rohstoffen Kaolin, Quarz und Feldspat entdeckt wurden. So entstanden dort Manufakturen, und zu Beginn des 19. Jahrhunderts sogar Fabriken, die Dampfmaschinen nutzten, zum Beispiel 1822 in Hohenberg an der Eger. Die industrielle Produktion des Porzellans drängte die kostspielige Handarbeit in den Manufakturen zwar in eine Nische für Liebhaber, machte es aber allgemein erschwinglich. Zeitweise wurden im Gebiet zwischen Selb, Weiden und Arzberg neunzig Prozent des deutschen Porzellans hergestellt.

HANDWERK MIT TRADITION

Die Arbeiter in der Porzellanherstellung – Porzelliner genannt – gehen oft in der dritten Familiengeneration diesem Beruf nach. So konnten sich in der Oberpfalz Qualifikation, Fachwissen, Motivation und vor allem Erfahrung konzentrieren. Dennoch ließen Billigimporte aus Fernost den Markt einbrechen. Seit den siebziger Jahren des 20. Jahrhunderts befindet sich die bayerische Porzellanindustrie in der Krise. In Tirschenreuth, Waldsassen und Mitterteich mussten Betriebe schließen. Die Kunst der Porzellanmalerei, der „Kerammalerei", stirbt in der Oberpfalz mehr und mehr aus.

Dennoch zählt die Porzellanproduktion bis heute zu den wichtigen Wirtschaftszweigen. Man unterteilt zwischen den Haupterzeugnisgruppen Geschirrkeramik, Baukeramik, Ofenkacheln und technischem Porzellan. Weltruf genießen bis heute die Erzeugnisse der Marken Bauscher und Seltmann, beide in Weiden ansässig. So ist Weiden auch idealer Standort für das sehenswerte Internationale Keramikmuseum, dessen Sammlung einen Eindruck davon gibt, was in Geschichte und Gegenwart von China bis Bayern alles aus Porzellan hergestellt wurde. Die neuerdings ausgeschilderte „Bayerische Porzellanstraße" führt den Besucher in einem Bogen durch Oberfranken und die Oberpfalz; sie macht ihn mit allen für das Porzellan wichtigen Orten bekannt. Kenner werden, wo sie zu Tisch sitzen, einen Blick auf die Unterseite ihres Geschirrs werfen und erfreut lächeln, wenn sie einen der traditionsreichen Namen lesen.

Rechts:
Am Alten Rathaus in Weiden erklingt täglich ein Glockenspiel. Im Erdgeschoss des Rathauses sind seit 1981, wie schon im Mittelalter, wieder Läden eingerichtet worden.

Ganz rechts:
Der Marktplatz von Weiden erstreckt sich zwischen dem Oberen und dem Unteren Tor. In der Mitte steht das Alte Rathaus.

Rechte Seite:
In den Jahren 1900/1901 wurde in nur 18 Monaten Bauzeit der größte Kirchenbau des Bistums Regensburg seit dem Mittelalter errichtet, die katholische Stadtpfarrkirche St. Josef in Weiden. Das Gotteshaus ist in der Geschlossenheit seiner Jugendstilgestaltung wohl eines der schönsten sakralen Bauwerke dieser Stilrichtung.

Der „Waldsassener Kasten" wurde von 1739 bis 1742 als Verwaltungsgebäude und Getreidespeicher für die Waldsassener Zisterzienser erbaut. Später befanden sich hier das Weidener Landgericht und das Gefängnis. 1990 wurde hier das Internationale Keramik-Museum eröffnet. Derzeit sind auf rund 1000 Quadratmetern Ausstellungsfläche Keramikobjekte aus acht Jahrtausenden ausgestellt, darunter Arbeiten in unterschiedlichsten Techniken – von einfacher Irdenware über Fayence, Steinzeug und Steingut bis zum Porzellan.

Oben:
Schön bunt sind die hübschen Häuser am Stadtplatz von Neustadt, wo am 29. Mai 2005 ein Weltrekord aufgestellt wurde, nämlich der weltgrößte Erste-Hilfe-Kurs mit 408 Teilnehmenden, die unter praller Sonne in die stabile Seitenlage gebracht wurden.

Rechts:
Nur 6200 Einwohner, dennoch ist Neustadt an der Waldnaab Kreisstadt. Der Ort liegt im Oberpfälzer Wald am Rand des gleichnamigen Naturparks, an der Mündung der Floß in die Waldnaab. Die Pfarrkirche St. Georg wurde 1735 bis 1737 erbaut.

Links:

„angetreten zum appell / mussten sie stehen / bis der schatten der pfähle / sie streifte", heißt es in einem Gedicht von Harald Grill über den Jüdischen Friedhof in Floß. Der älteste entzifferbare Grabstein stammt aus dem Jahr 1692. Der Friedhof ist bis heute erhalten und mahnt auch an die Opfer des KZ Flossenbürg.

Unten:

Schon 1937 wurde der Doost im Landkreis Neustadt zum Naturschutzgebiet erklärt: eine Ansammlung aus runden Granitblöcken mit Durchmessern von 50 Zentimetern bis zu 5 Metern, die sich im Lauf des Baches Girnitz gesammelt haben. Ein Paradies für Wanderer!

Rechts:
83 Meter hoch ragt der Bohrturm des Kontinentalen Tiefbohrprojekts in Windischeschenbach empor. Mit einer 9101 Meter tiefen Bohrung wurde hier von 1987 bis 1995 die Kontaktzone zweier Kontinentalplatten erforscht. Die Erdkruste hier gilt als die am stärksten strukturierte in ganz Europa in einer der geologisch interessantesten Gegenden.

Ganz rechts:
Eine Gedenkstätte erinnert an die Opfer des berüchtigten nationalsozialistischen Konzentrationslagers Flossenbürg. Hier wurde 14 Tage vor der Befreiung der evangelische Theologe Dietrich Bonhoeffer umgebracht.

Rechts und rechte Seite:
Auf nacktem Granitfelsen erhebt sich die Burg Flossenbürg. Die Burg wurde um 1100 von den Hohenstaufen gegründet und bestand anfänglich nur aus einem Wohnturm. Im 13. Jahrhundert kam der Bergfried dazu; die Toranlagen stammen aus dem 16. Jahrhundert. Heute sind nur noch Ruinen erhalten. In den 1980er Jahren wurde damit begonnen, die Überreste systematisch zu konservieren. Die Burgruine ist ein bekanntes und beliebtes Ausflugsziel, vor allem wegen der hervorragenden Aussicht vom Turm.

Seit dem Jahre 1217, als Tirschenreuth an das Kloster Waldsassen fiel, begann man damit, intensive Fischzucht zu betreiben. Das Landschaftsbild wird bestimmt von zahlreichen Fischweihern in den Tälern und Senken, und von dunklen Fichtenwäldern auf den Höhen.

Linke Seite:
„Das Tuchmacherstädtchen Tirschenreuth liegt gar schön", vermerkte Johann Wolfgang von Goethe in seinem Tagebuch, als er 1786 auf seiner Italienischen Reise durch den Ort kam.

Seite 110/111:
„Dort, sieh, am Horizont lüpft sich der Vorhang schon! / Es träumt der Tag, nun sei die Nacht entflohn; / Die Purpurlippe, die geschlossen lag, / Haucht, halbgeöffnet, süße Atemzüge." (Eduard Mörike) – Morgendämmerung an einem Weiher bei Tirschenreuth.

Zur Bewirtschaftung der Teiche errichteten die Zisterziensermönche im Osten der Stadt auf einer kleinen Insel im oberen Stadtteich einen klösterlichen Gutshof, den „Fischhof". Bis in die Mitte des 18. Jahrhunderts war das Anwesen nur durch eine schmale Landbrücke oder durch Kähne zu erreichen. Dann schuf man nach dem Vorbild der Steinernen Brücke in Regensburg einen repräsentativen Zugang.

Das Waldnaabtal mit seinen zahlreichen beeindruckenden Felsformationen ist ein 180 Hektar großes Naturschutzgebiet und gut mit Wanderwegen erschlossen. Im Mittelalter wachten die Burgen Altneuhaus, Herrenstein und Schwarzenschwal auf steilen Felsen über das Tal. Heute sind von ihnen nur mehr Gräben und Pfostenlöcher erhalten.

Linke Seite:
Die ältesten Überreste der Burg Falkenberg im Landkreis Tirschenreuth sollen aus dem 11. Jahrhundert stammen. 1936 bis 1939 wurde sie wieder aufgebaut und wird seither bewohnt. Eine Ausstellung zeigt heute neben antiken Waffen die Sammlung persischer und russischer Kunstwerke des Widerstandskämpfers Friedrich-Werner Graf von der Schulenburg (1875–1944).

Wer durchs Waldnaabtal wandert, kann hier im Biergarten der „Blockhütte" bei Falkenberg Pause machen. Umgeben von waldigen Hängen kann man im Freien sitzen, mit Blick auf eine Wiese voll spielender Kinder, fern allem Straßenlärm, dazu noch gut bewirtet und freundlich bedient.

Rechts:
Idyll an einem Weiher bei Wiesau im Stiftland. Die heute noch gebräuchliche Bezeichnung Stiftland stammt aus der Zeit, in der das Klosterstift Waldsassen die Region beherrschte. Diese Urlaubsregion an der tschechischen Grenze ist ein Paradies für Wanderer und Radler.

Rechte Seite:
Zu den eigenwilligsten Kirchenschöpfungen Deutschlands zählt die Dreifaltigkeitskirche Kappl auf dem Glasberg bei Waldsassen. In ihrer Architektur ist die christliche Dreifaltigkeitslehre versinnbildlicht: In allen Bauteilen dominiert bei diesem Gotteshaus die Zahl Drei, im Außenbau in den drei Türmen und den drei Dachreitern mit Zwiebelhauben.

Rechts:
Mitterteich ist die Glas- und Porzellanstadt des Oberpfälzer Stiftlandes. Die erste Porzellanfabrik am Ort wurde 1886 gegründet. Dank der reichen Kaolinvorkommen in der Gegend um Selb war die Oberpfälzer Porzellanindustrie ein blühender Industriezweig.

Seite 116/117:
Das Wahrzeichen von Waldsassen, der „Perle des Stiftlands" ist die barocke Stiftsbasilika. Sie wurde in ihrer heutigen Form in den Jahren 1682 bis 1704 erbaut. Bedeutende Künstler aus ganz Europa waren an der Ausstattung beteiligt.

Unten:
Die weltberühmte Stiftsbibliothek der Abtei Waldsassen gehört zu den kunsthistorisch bedeutendsten Bibliotheken Süddeutschlands. Die Ausstattung, die von jährlich 100 000 Besuchern bewundert wird, erfolgte in den Jahren 1724 bis1726. Zehn lebensgroße Holzfiguren stützen die Empore und stellen Untugenden wie Dummheit, Eitelkeit oder Neugier dar.

Kleine Bilder rechts:
Die letzte der zehn Figuren verkörpert die Heuchelei. Ein Mann in der Tracht eines Geistlichen wird von einem Vogel mit langem Schnabel an der Nase gefasst, dem

„Vogel der Selbsterkenntnis". Weitere Höhepunkte des plastischen Schmucks sind Porträtbüsten berühmter Persönlichkeiten der Antike, zum Beispiel Sophokles, Plato, Caesar. Die Decke der Bibliothek ist mit prächtigem Stuck verziert. Die Deckengemälde zeigen Szenen aus dem Leben des Zisterzienserheiligen Bernhard von Clairvaux und Bildnismedaillons der großen griechischen und lateinischen Kirchenlehrer. – Der größte Teil des Bücherbestandes verschwand nach der Säkularisation.

An der Burgruine Weißenstein. Schon im 19. Jahrhundert war sie Ziel des überregionalen Tourismus und Objekt für Künstler der Romantik. In den 1990er Jahren saniert, lockt sie Besucher an, die hier von einem Hauch des Mittelalters umweht werden wollen.

Rechte Seite:
„Castrum Weizzenstain": Die Burgruine Weißenstein mit ihrer exponierten Lage auf einer der höchsten Erhebungen der Gegend (758 Meter) zählt zu den bedeutendsten Burganlagen des Bayerischen Waldes. Sie wurde etwa in der zweiten Hälfte des 12. Jahrhunderts an zentraler Stelle am Handelsweg von der Donau nach Böhmen errichtet.

Der Steinwald südöstlich des Fichtelgebirges ist ein Naturpark. Hier befinden sich zahlreiche granitene Steinblöcke und Felsbastionen, die nicht selten eine phantastische Form aufweisen. Sie haben Namen wie „Katzentrögel", „Zipfeltannenfelsen" oder „Saubadfelsen". Einige dieser Felsen sind auch zum Klettern freigegeben, etwa der „Räuberfelsen".

REGISTER

Kulmbach
Cheb
OBERFRANKEN
Fichtelgebirge
Marktredwitz
Waldsassen
Bayreuth
N
Mitterteich
Wiesau
Oberpfälzer Wald
Tirschenreuth
Kemnath
Fichtelnaab
Waldnaab
Erbendorf
Windisch-
eschenbach
Bärnau
Kloster
Speinshart
Pressath
Plößberg
Pegnitz
Kirchen-
thumbach
Eschenbach
Heidenaab
Neustadt
a.d. Waldnaab
Parkstein
TSCHECHIEN
Grafenwöhr
Altenstadt
Auerbach
i.d. Oberpfalz
Weiden
i.d. Oberpfalz
Waldthurn
Mantel
Pleystein
Waidhaus
Freihung
Weiher-
hammer
Vohenstrauß
Vilseck
Moosbach
Eslarn
Luhe-Wildenau
Pfreimd
Schnaitten-
bach
Hirschau
Wernberg-
Köblitz
Hahnbach
Naab
Monte Kaolino
Schönsee
Lauf
Hersbruck
Sulzbach-
Rosenberg
Vils
Freudenberg
Pfreimd
MITTELFRANKEN
Nabburg
Oberviechtach
Tiefenbach
Amberg
Besucherbergwerk
Kümmers-
bruck
Schmidgaden
Schwarzach
Ursensollen
Schwarzenfeld
Waldmünchen
Altdorf
Eber-
mannsdorf
Feucht
Lauterhofen
Kastl
Neunburg
vorm Wald
Rötz
Ensdorf
Oberpfälzer
Handwerkmuseum
Furth
im Wald
Berg
Pilsach
Schwandorf
Eschlkam
Postbauer-
Heng
Wackersdorf
Neumarkt
i.d. Oberpfalz
Schmidmühlen
Klardorf
Bodenwöhr
Stamsried
Pemfling
Weiding
König-Otto-Höhle
R. Helfenburg
OBERPFALZ
Bruck
Rimbach
Sengenthal
Velburg
Deining
Vils
Cham
Großer Osser
1292m
Burg-
lengenfeld
Nittenau
Roding
Hohenwarth
Lam
ilpoltstein
Freystadt
Hohenfels
Maxhütte-
Haidhof
St. Maria u.
St. Nikolaus
Churpfalz-
Park
Kötzting
Lohberg
Regen
Großer Riedelstein
1132m
Mühlhausen
Parsberg
Schwarze Laaber
Kallmünz
Regen
Traitsching
Walderbach
Sulz
Naab
Regenstauf
Bayerischer Wald
Beratzhausen
Falkenstein
Berching
Bernhardswald
Breitenbrunn
Zeitlarn
Wenzenbach
Laaber
Regen
Hemau
Lappers-
dorf
Donaustauf
Walhalla
Zwiesel
Beilngries
Dietfurt
Nittendorf
Wiesent
Regensburg
Wörth
Regen
Pentling
Neutraubling
Obertraubling
Altmühl
Mintraching
Kelheim
Alteglofsheim
Thalmassing
Straubing
Eichstätt
Sünching
Deggendorf
Schierling
Donau
Plattling
Ingolstadt
Neuburg
NIEDERBAYERN
Landau
OBERBAYERN
Isar
Donau
Landshut

Seit Beginn des 20. Jahrhunderts feiern die Einwohner von Dietfurt an der Altmühl alljährlich ihren „Chinesenfasching". Er beruht auf einer alten Geschichte: Einst kam ein Wanderbursche nach Dietfurt, um sich dort niederzulassen, wurde jedoch abgewiesen. Als der Mann sich beschwerte, fragte ihn der Landrichter, ob er wüsste, wer die größten Mauern der Welt gebaut habe. „Die Chinesen", antwortete der Handwerker richtig. Der Landrichter: „Und warum? Um die Fremden abzuhalten." Der Geselle packte ärgerlich sein Bündel und erzählte überall, man hätte ihm verwehrt, sich in Dietfurt ansässig zu machen, weil er kein Chinese sei.

Impressum

Buchgestaltung
hoyerdesign grafik gmbh, Freiburg

Karte
Fischer Kartografie, Aichach

Printed in Germany
Repro: Artilitho, Lavis-Trento, Italien
Druck und Verarbeitung: Offizin Andersen Nexö, Leipzig

ISBN 978-3-8003-1764-6

Unser gesamtes Programm finden Sie unter:
www.verlagshaus.com

Fotograf
Martin Siepmann *ist als freier Fotograf und Autor tätig. Neben zahlreichen Bildbänden zu regionalen und internationalen Reisethemen hat er seine Bilder in Reportagen und Kalendern veröffentlicht. Weitere Informationen: www.martin-siepmann.de*

Autor
Georg Schwikart *lebt als freier Schriftsteller und Publizist in Sankt Augustin bei Bonn. Neben seinen zahlreichen Büchern und Beiträgen für Anthologien, Zeitungen und Magazine ist er auch für Rundfunk und Fernsehen tätig. Im Verlagshaus Würzburg sind von ihm unter anderem Bücher über die Bretagne, Rom und die Türkei erschienen.*

Stürtz